결혼에도
휴가가
필요해서

일러두기

1. 본문에 등장하는 인도네시아어는 국립국어원의 외래어 표기법에
   준하여 표기하는 것을 원칙으로 하였으나, 일부 단어의 경우에는
   혼란을 방지하기 위해 대중적으로 널리 알려진 형태로 표기하였다.
2. 도서명은 《 》, 미술 작품이나 영화 제목은 〈 〉로 묶어 표기하였다.
3. 인용문의 띄어쓰기가 본서의 띄어쓰기 원칙과 다른 경우에는
   인용문의 원칙을 따랐다.

결혼에도
휴가가
필요해서

아리 지음

북튼

무심코

내 모험의 싹을 틔워준

호랑이와 양에게

모든 것이 변했고

또 아무것도 변하지 않았다.

프롤로그

수많은 '그럼에도 불구하고'
떠남을 꿈꾸는 당신에게

오랫동안 혼자 떠나고 싶었으나 그럴 수 없었다. 결혼생활과 육아의 올가미는 생각보다 질겼다. 오죽하면 《결혼한 여자 혼자 떠나는 여행, 결혼안식년》이라는 책까지 있을까? 아이를 낳고 사람의 몰골이 아닌 상태로 집 안에 갇혀 있던 시절, 친구가 선물한 그 책을 나는 홀린 듯 읽었다.

결혼에서의 안식휴가는 사실상 수세기 동안 다른 형태로 가장되어 이루어져 왔다. 중세시대 부유층 유부녀들은 혼자만의 시간을 갖고 싶을 때면 수도원으로 가 은거하였다. 빅토리아 시대에는 과도한 불안증세를 나타내는 심인성 질병, 히스테리의 치료를 위해 배타고 떠나는 여행, 도시에서 시골로의 긴 여행 등 신경계에 새로운 활력을 줄 만한 것들을 권했다. 설명할 수 없는 피로감과 짜증을 보이는 신경쇠약증의 치료법 중에는 가족을 비롯한 익숙한 환경에서 벗어나라는 처방도 있었다. 이 시대에는 수중치료 기관이나 요양소 같은 여러 은신처들이 급격히 확산되었다.
_《결혼한 여자 혼자 떠나는 여행, 결혼안식년》(셰릴 자비스 지음, 김희정 옮김, 여성신문사, 2004) 중

결혼생활에서 잠시 벗어나는 안식휴가의 개념이 이미 오래전부터 존재했다는 사실이 솔깃했다. 책 속에는 공부를 위해, 일을 위해, 그저 혼자만의 시간이 필요해서 등 다양한 이유로 짧게는 몇 개월부터 길게는 몇 년 동안 집을 떠났던 여성들의 이야기가 가득했다. 그리고 그녀들은 더 멋지게 성장해서 돌아왔다. 그녀들의 변화는 다른 가족들에게도 긍정적인 영향을 끼쳤다. 책을 다 읽고 난 뒤 머리 위에 선명한 느낌표가 떴다. '언젠가 나도 그렇게 떠나겠구나!' 그러나 강한 예감과 더불어 물음표들도 꾸물꾸물 올라왔다. '그런데 나는 어떤 이유를 들어서 떠날 수 있을까? 정말 모든 것을 잠시 내려놓고 떠날 수 있을까?'

여성이 남편을 떠나 평생 꿈꿔온 모험을 실현시키고자 한다 해서 그녀의 결혼생활에 무슨 문제가 있는 것은 아니

다. 한 여성의 표현대로, "내가 남편 곁을 3개월 동안 떠나야 했다는 것은 주석에 불과한 이야기다. 그것은 내가 나 혼자 힘으로 살고 일할 수 있음을, 내가 아직도 성장할 수 있음을 확인하기 위한 도전이었기 때문이다." (중략) 칠레 시인 파블로 네루다도 비슷한 말을 했다. "우리가 헤어지는 것은 역경 때문이 아니라 성장했기 때문이다"라고. (중략) 축복받은 결혼생활을 하는 여성일지라도 혼자만의 시간을 갈망할 수 있다. 그것은 배우자를 거부하는 것이 아니라 그녀 자신을 위한 휴식시간을 원하는 것이며, 벗어나고픈 욕망이 아니라 자유로움을 느끼고픈 욕구이다.

_같은 책

정신이 번쩍 들었다. 결혼생활에 별다른 문제가 없어도, 특별한 이유가 없어도 떠날 수 있다니. 그럴듯한 명분과 당위가 없어도 떠날 수 있다는 메시지에 속이 뻥 뚫렸다. 결혼한 여자가 가정에서 자신의 자리를 비우는 행동이 책임과 의무를 방기하는 일로 여겨지기 쉬운 우리의 사회적 분위기와 사뭇 다른 메시지가 신선했다. 나를 옥죄는 고리를 '끊어버리고 싶은' 마음이 아니라 나를 더 넓고 깊게 '펼쳐보고 싶은' 마음에 주목해주는 열린 관점이 좋았다. 가족을 향한 애정과 나다운 모습으로 자유롭게 살고 싶은 욕구. 양립할 수 없을 것 같은, 내 안에 존재하는 두 가지 마음이 모두 존중받는 느낌이었다. '둘 중에 하나만 선택해'가 아니라 '둘 다 가능해'라는 메시지가 반가웠다.

―――✦―――

 어느새 시간은 흘러 오래전의 강력했던 예감은 현실로 다가왔다. 나날이 영글어가는 아이는 그저 예뻤다. 종종 아웅다웅했지만 남편의 존재는 든든한 힘이 되어주었다. 그러나 매일 비슷하게 흘러가는 생활은 더 이상 내일의 삶을 기대하지 못하게 만들었다. 육아와 살림이 차분하고 우아하게 돌아갔다는 말은 결코 아니다. 내 삶을 제대로 돌아볼 겨를도 없이 치고 들어오는 '엄마' '아내' '며느리'로서의 역할과 의무에 매일이 책임감으로 퍽 무거웠다.
 물론 그런 일상 가운데에서도 웃음 짓는 순간들이 존재했다. 아이가 세상을 향해 한 걸음 한 걸음 내딛으며 자신만의 모험을 해나갈 때, 그 옆에서 기꺼이 환호를 해주며 가슴 뻐근한 행복을 느꼈다. 동시에 무럭무럭 자라나는 아이처럼 나 역시 성장하고 싶었다. 결혼을 했다고 해서, 아이를 낳고 키운다고 해서 '나'라는 사람의 가능성을 탐색하고 시험하는 일을 멈추고 싶지 않았다. 내 인생의 모험도 펼쳐보고 싶었다. 내일이 기다려지는 날들을 살고 싶었다. 아이와 남편이 먹을 밥상에 무얼 차려낼지, 수북한 설거지와 빨랫감은 언제 해치울지 고민하는 일상은 잠시 내려놓고, 내가 중심에 선 시간을 갖고 싶었다. 오로지 나의 욕구와 의지로만 굴러가는 시간을 누리고 싶었다. 나의 결혼생활에도 휴가가 필요했다.

나는 오랜 고민 끝에 '결혼'이라는 제도의 틀에서 잠시 벗어나 나에게 휴식의 시간을 주기로 결심했다. 아이가 여덟 살이 막 되었을 때였다. 내 휴식의 배경이 된 곳은 '우붓$_{Ubud}$'이었다. 우붓은 우리에게 휴양지로 널리 알려진 인도네시아 발리의 중부 지역 산속에 위치한 작은 마을이다. 19세기 말부터 우붓에는 이곳의 아름다운 자연과 전통에 매료된 전 세계의 이방인들이 찾아와 힌두 신을 믿는 온순한 현지인들과 한데 어우러져 살기 시작했고, 그 덕분에 우붓은 특유의 예술적이고 포용적인 문화가 가득한 곳이 되었다. 지금은 코로나19로 인해 우붓 역시 여행자들의 발길이 끊긴 상황이지만, 그전까지만 해도 세계 각국의 많은 사람들이 요가를 위해, 명상을 위해, 휴식을 위해 우붓을 찾았다.

우붓에 맨 처음 방문했던 것은 아이가 일곱 살 때 발

리로 가족 여행을 가면서였다. 머물렀던 시간은 단 며칠이었지만, 우붓은 발리의 다른 어떤 지역보다 매력적인 인상으로 남았다. 발리에는 우붓 말고도 해변 휴양지의 매력을 한껏 느낄 수 있는 곳들이 많다. 하지만 나는 푸르른 논이 드넓게 펼쳐진 조용하고 소박한 그 시골 마을이 마음에 들었다. 자연스럽게 우붓은 내 결혼 휴가의 무대가 되었다.

완벽하게 홀로 떠날 수 있었다면 좋았겠지만, 현실적인 이유들로 아이와 동행하는 선택을 했다. 그렇지만 결혼이라는 제도 안에 들어섬과 동시에 내 손에 쥐어진 몇 개의 공—이를테면 남편, 시댁, 기혼 여성을 둘러싼 지극히 한국적인 제약—들을 내려놓은 것만으로도 숨통이 한결 트였다. 그렇게 4년을 새로운 곳에서 새롭게 살았다. 그동안 산산이 흩어졌던 온몸의 세포가 제자리를 찾은 느낌이었다.

'여행'이라는 단어가 낭만도, 사치도 아닌 금기가 된 시절이다. 옴짝달싹할 수 없는 상황에서 모두 힘든 시기를 보내고 있지만, 그 어느 때보다 엄마들에게 가장 벅찬 시간이었을지도 모르겠다. 사회적 거리두기로 바깥세상과의 연결은 느

순해지는 대신, 모두가 집 안으로 모여들면서 돌봄 노동과 가사 노동의 강도가 이전보다 강해졌을 것이기 때문이다.

하지만 그런 때일수록 숨통을 틔워줄 나만의 '작은 여행'을 해야 한다고 감히 권해본다. 엄마, 아내라는 이름표를 떼고 '나'라는 한 인간으로만 존재할 수 있는 휴식 같은 시간을 스스로에게 기꺼이 선물해줘야 한다. 내가 내 인생의 한 부분을 덩어리째 잘라내어 이곳이 아닌 다른 곳에 가져다놓을 수 있었던 것도 되돌아보면 어느 날 돌연 용기가 생겨서 감행한 일이 아니었다. 우붓으로 떠나기 전 책임과 의무에 치이는 일상에 온몸이 지칠 때면, 나는 나만의 작은 여행들을 늘 궁리했다.

아이의 책을 사면서 내가 읽고 싶은 책도 망설이지 않고 구입하는 일, 이유식을 만들어 먹이는 와중에도 가끔은 밖에서 내가 먹고 싶은 음식을 사서 먹는 일, 부엌 식탁이나 남편의 책상에 앉지 않고 나를 위한 책상을 따로 장만했던 일, 그리고 시간이 날 때마다 그곳에 앉아 나의 꿈을 적어 내려가던 일… 그 모든 순간이 내게는 '결혼한 여자 혼자 떠나는 여행'을 준비하던 작은 여행의 순간들이었다. 세상의 멋지고 아름다운 장소에 발을 내딛는 것만이 여행의 전부는 아니다. 내 안의 욕구가 막힘없이 흘러가도록 그 소리를 들어주고 길을 내어주는 행위야말로 인생의 진짜 여행이 아닐까?

우리의 삶이 긴 여행이라면, 우리가 가장 먼저 탐험해야 할 대상은 바로 그 삶을 살아내는 '자신'이어야 한다. '나'라는 미지의 세계를 훌륭하게 탐색한 자는 어느 곳에서도 훌륭한 여행자가 된다. 온 세상이 교류를 멈춘 채 웅크리고 있는 이 시절이 끝날 때, 언제든 더 멀리 더 넓은 곳으로 달려가기 위해서 우리는 오늘도 일상의 작은 여행을 멈추지 말아야 한다.

　　그 작은 여행을 위해 용기가 필요하다면, 이 책 곳곳에 숨겨놓은 나의 용기를 마음껏 훔쳐가길 바란다. 수많은 '그럼에도 불구하고' 떠남을 꿈꾸는 엄마와 아내들에게 나의 지난 경험이 도움이 되면 좋겠다. 떠나고 싶은 마음이 간절하지만 여전히 주저하고 있는 당신에게 나의 이야기가 살짝 등을 떠밀어주는 다정한 손길이 된다면 더없이 좋겠다. 머뭇거리는 당신의 발걸음이 조금 가벼워지도록, 그래서 당신만의 작은 여행을 지금 시작할 수 있도록 말이다.

2020년 여름과 가을 사이
당신의 작은 여행을 궁금해하며, 아리

차례

프롤로그 • 6
수많은 '그럼에도 불구하고'
떠남을 꿈꾸는 당신에게

PART 1
결혼한 여자, 혼자 떠나는 여행
: 2018년 가을

웰컴 백 투 발리 • 24
우붓의 밤 • 35
나를 채우는 법 • 40
꿈을 묻는 여자 • 45
서둘러, 시간이 없어 • 53
사람이 사람을 불러 모으는 곳 • 58
왜 우붓이냐고요? • 66
나만의 책상을 찾아서 • 75
돗자리를 폅시다 • 82
외로움은 인생의 디폴트 • 90
우리 인생이 춤과 같다면 • 97
먹고, 마시고, 계란말이 하라! • 101

PART 2
다른 곳, 다른 삶
: 2013년 봄 ~ 2014년 가을

어떤 대화 1 • 114
어떤 대화 2 • 117
어떤 대화 3 • 119
미안하지만, 나라노 • 121
너는 분명, • 125
이름에 대하여 • 126
맑은 가난 • 130
인생에도 쉼표가 필요하다 • 135
아이들의 천국, 뽈랑이 스쿨 • 140
어디에서든 일할 자유, 디지털 노마드 • 149
오토바이 타는 여자 • 153
나의 첫 카우치 서퍼 • 160
인생은 짧으니 디저트 먼저! • 166
차라리 변기를 청소할래요 • 173
나는 오늘이 제일 행복했어! • 178
있는 그대로, 네가 되어라 • 183

PART 3
가족의 재탄생
: 2014년 겨울 ~ 2016년 봄

안식의 끝 • 198
먹고사는 것에 관하여 • 200
백발에도 춤을 추는 할머니가 되고 싶어 • 206
운전대는 위험하다 • 212
두 사람 • 215
백기가 펄럭펄럭 • 224
한밤의 재즈카페 • 230
비자 달리기 • 235
현재 진행형으로 산다는 것, 산다ing • 238
낡은 날들 • 245
그의 등은 따뜻했다 • 248

PART 4
새로운 날들
: 2016년 여름 ~ 2017년 여름

각자의 선택이 아닌 공동의 선택 • 260
타인의 삶 • 262
'나'라는 놀라운 세계 • 268
태연하게 주워 입다 • 274
항복의 미학 • 280
작은 섬 길리에서 • 286
아메드의 별 • 290
안녕, 쁠랑이 스쿨 • 295
꿈으로 기억할 순간 • 301

: 다시, 2018년 가을

집으로 가는 길 • 308

에필로그 • 310
'결혼한 여자가 그래도 되는 거야?'라는
오래된 관습으로부터의 떠남

PART 1

결혼한 여자,
혼자 떠나는 여행

2018년 가을

웰컴 백 투 발리

빗소리와 알람 소리가 우렁차게 뒤섞인 소리에 눈을 떴다. 마침내 혼자 떠나는 날이다! 벌떡 일어나 샤워를 하고 칫솔의 물기를 탁탁 털어 지퍼백에 넣었다. 후다닥 옷을 입고 핸드폰 충전기까지 욱여넣은 뒤, 불룩해진 트렁크를 일으켜 세웠다. 현관문을 열자 빗방울 섞인 바람이 달라붙었다.

"또 우붓에 간다니. 지겹지도 않아?"

"응, 지금은 아무래도 새로운 도전보다 익숙한 위로가 더 필요한 것 같아."

걱정인지 기대인지 알 수 없는 표정으로 나를 배웅하는 남편과 아이를 뒤로하고 공항으로 가는 택시에 혼자 올라탔다. 갑자기 내린 비에 차들은 줄줄이 거북이걸음이었다. 거북이면 어떻고 토끼면 어떠리. 엉금엉금 가도 혼자이니 좋았다.

2013년부터 아이와 단둘이, 그리고 2015년부터 남편까지 합류해 세 식구가 함께 살았던 우붓을 다시 찾는 길이었다. 이번에는 아이도, 남편도 없이 혼자서. 한 시절이 마무리되었기에 가능한 일이었다. 이제 아이는 학교에서 돌아와 혼자서도 밥을 챙겨 먹을 수 있게 되었다. 밀착 육아의 시절이 지나갔다. 중학생이 되었으니 내 손이 없어도 제 손으로 며칠은 일상을 꾸려갈 수 있을 것이고, 위급 상황은 아빠가 알아서 잘 해결하리라는 믿음이 있었다.

물론 엄마 없이 일주일 캠프도 가본 적이 있고 이모 손을 잡고 할머니 집에 머물다 온 적도 있었지만, 나는 떨어져 있어도 늘 5분 대기조였다. 아이와 나 사이에 허락된 최대 거리는 300여 킬로미터. 서울과 한반도 남쪽 어느 도시 사이의 거리 정도였다. 5분 대기조는 지리산을 타도, 친구를 만나 술에 취해도 반드시 같은 하늘 아래 존재해야 했다. 이제 그 대기조의 시대가 저문다. 우리는 처음으로 서로 다른 '나라'에 있을 것이다.

발리에 낮에 도착한 것은 처음이었다. 늘 밤에 도착해 희미한 불빛으로만 반겨주던 덴파사르 공항이 낯설고 아름다웠다. 괜히 웃음이 났다. 아니, 사실 조금 울컥했다. 드디어 다시 왔구나. 이제야 다시 왔구나. 기장님은 이미 착륙 안내로 분주하셨다. 방심하고 있다가 들은 그의 마지막 한 마디가 마음을 비집고 들어왔다.

"… 앤 웰컴, … 투 발리."

그냥 '웰컴 투 발리'와 중간에 한 박자 통 크게 쉬어주는 '웰컴, … 투 발리'는 생각보다 뉘앙스의 차이가 컸다. 보다 힘주어 환영하는 느낌이랄까. 책이 가득 든 트렁크를 끌고 비행기에서 내리다 익숙했던 온도와 습도에 괜히 또 한 번 울컥했다. 물론 그 울컥을 쉽사리 터트리는 나이는 지났으므로 발걸음도 가볍게 입국심사대를 향해 걸었다. 마음이 바빴다. 부지런히 움직여야 해가 지기 전 우붓에 도착할 테니까.

    입국심사 줄은 형체도 알아볼 수 없는 리을 자로 꼬여 있었다. 느긋한 발리 공무원들은 아주 근엄한 표정으로 모두의 여권을 한 장 한 장 꼼꼼하게 넘겨보는 중이었다. 쪼리가 닳도록 발을 동동 구르다 드디어 입국 허가 도장이 쾅 박힌 여권을 받아들었다. 부지런히 밖으로 나가 내 이름이 적힌 종이를 들고 있는 기사님을 찾았다.

    "안녕하세요!"

    "오, 당신이 아리인가요? 남자 분인 줄 알았어요! 제 이름도 아리거든요! 어디서 왔어요?" ('아리'는 인도네시아에서 흔히 볼 수 있는 남자 이름이다.)

    "한국에서요." (영어 질문이었는데 머리가 생각할 겨를도 없이 입에서 인도네시아어가 튀어나왔다. 다음 질문은 100퍼센트 예측 가능하다.)

    "오, 인도네시아어를 할 줄 아네요?" (빙고!)

"네, 조금 할 줄 알아요."

"어떻게 배웠어요?"

"예전에 한 4년 동안 우붓에 살았거든요."

"오, 멋지네요. 얼마나 머물러요?"

"일주일이요."

"일주일이요? 왜 이렇게 휴가가 짧아요?"

"그러게요. 안타깝게도 휴가가 너무 짧네요."

차는 이미 덴파사르 공항을 빠져나가고 있었다. 그 정도로 자기소개를 마치고 간간이 기사님과 대화를 나누며 우붓을 향해 달렸다. 우붓이 가까워질수록 마음은 쿵쾅댔다. 마침내 하루에도 몇 번씩 오토바이를 타고 달렸던 길이 나오자 얼른 핸드폰을 꺼내 영상을 찍었다. 돼지 코가 되도록 창문에 얼굴을 바짝 붙이고는 오랫동안 보지 못했던 거리를 구경했다.

좁은 2차선 도로에서 차들은 사이드미러가 부딪힐 듯 스쳐 지나갔고, 차보다 더 많은 오토바이들이 앞서거니 뒤서거니 시원하게 달렸다. 집집마다 하나씩 있는 힌두 사원은 잘 빗은 머리처럼 단정한 검은 밀짚을 얹고 담을 넘어 솟아 있었다. 열린 대문 틈으로 집 안을 살짝 들여다보고 싶어도 악귀를 막고자 세운 낮은 담 때문에 쉽게 훔쳐볼 수 없었다. 낮은 지붕의 가게들이 비슷한 모양으로 줄줄이 붙어 있는 모습은 여전히

애틋하고 정겨웠다. 관광지의 법석이 뒤덮을 수 없는 우붓 주민들의 생활이 차창 너머에 차곡차곡 쌓여 있었다.

　　호텔 예약 사이트를 드나들며 떠올렸던 우붓의 거리가 눈앞에 그대로 펼쳐졌다. 내가 고른 게스트하우스는 남북으로 길게 뻗은 하노만 로드의 끝자락, 차가 진입하지 못하는 골목 끝에 있었다. 나는 정말 여기에서 내려도 괜찮겠냐는 기사님에게 걱정 말라고 웃으며 차에서 내렸다. 그리고 조금도 두리번거리지 않고 어제도 그곳을 드나들었던 사람처럼 씩씩하게 골목 안으로 들어섰다.

　　이윽고 도착한 곳은 골목 끝 가정집. 주위를 둘러봐도 그 집이 아니면 답이 없다. 마침 문이 열려 있어서 트렁크를 끌고 슬금슬금 그 집 안으로 들어갔다. 문간방 앞에 앉아 바나나잎으로 바구니를 만들고 있는 할머니에게 '저기?' 하는 표정으로 손짓을 하니 할머니는 주름이 자글자글한 얼굴에 더 깊고 많은 주름을 만들며 '응, 맞아' 하는 표정으로 천천히 고개를 끄덕이셨다.

　　안으로 더 들어가니 그제야 리셉션 흉내를 낸 조그만 공간이 보였다. 작은 테이블에 간단한 음료가 든 냉장고 하나, 벽에 걸린 화이트보드가 전부다. 테이블에 앉아 있던 젊은 청년에게 "하이, 아파 카바르!"(안녕하세요!)라고 외치며 손가락으로 화이트보드에 적힌 내 이름을 가리키자 그것으로 본인 확인 끝이다. 여권도 뭣도 필요 없다. 내가 잠시 발걸음을 멈추기도 전에 청년이 웃으며 내 트렁크를 받아들고 앞장섰다. 잘생긴 청년을 따라 게스트하우스를, 아니 누군가의 집을 걷는다. 허름한 집 한쪽에 정원을 바라보는 아담한 2층 건물을 짓고 운영하는 가정집 게스트하우스다. 발리의 집들은 대문은 초라해 보여도 일단 들어가면 그 안에 무엇이 어떻게 펼쳐질지 알 수 없는 미로 같다. 2층 끝의 구석진 방으로 나를 안내한 청년이 열쇠를 건네주며 말했다.

"잠시만요. '한둑' 가져다 드릴게요."

익숙하지만 해독할 수 없는 단어가 그의 입에서 나왔다. 한둑? 뭐였지? 분명 아는 단어였는데? 내가 아리송한 표정을 짓자 청년은 웃으며 다시 영어로 말해주었다.

"I will bring some towel for you." (수건 가져다 드릴게요.)

맞다, 수건! 오래전 배운 인도네시아어들이 단전 깊숙이 숨어 있다가 제 이름을 듣고 곧장 튀어나왔다. 오래 처박아두어 먼지가 수북이 쌓인 상자를 툭툭 털어서 연 느낌이다. 앞으로 일주일 동안 그간 잊고 지냈던 단어들이 크리넥스 뽑히듯 술술 나올 것이다.

짐을 풀고 거리로 나오니 야속하게도 벌써 어두웠다.

그래도 긴 골목을 어슬렁어슬렁 걸었다. 대문 옆 담을 헐어 만든 조그만 옷 가게에는 몇 년 전에도 유행하던 옷들이 여전히 걸려 있었다. 흰옷은 노래지고 검은 옷은 회색으로 변할 때까지 그렇게 계속 걸려 있을 테지. 취향만 그대로면 언제든 다시 와서 살 수 있겠구나. "Yes, have a look"이라는 다정한 호객의 말도 그대로다. 그 옆의 이발소 아저씨는 입을 앙다물고 진지한 표정으로 가위질 중이셨다. 소박하지만 예쁘게 꾸며놓은 마사지 가게, 초라한 대문 너머를 상상할 수 없는 게스트하우스들이 끝날 듯 끝나지 않고 골목을 촘촘히 차지하고 있었다. 땅에 닿는 두 발의 감각이 새로웠다. 첫날의 흥분과 가벼운 피로를 골목에 뚝뚝 흘리며 걸었다.

우붓은 쉽게 걷기 힘든 곳이었다. 마음잡고 산책로를 찾아가지 않는 한, 집 앞 슈퍼에 갈 때도 무조건 오토바이 열쇠를 챙겨야 했다. 안전하고 편하게 걸을 인도가 없기도 했고 걷기 편한 길은 무서운 개들이 점령하고 있었으니까. 큰맘 먹고 '오늘은 걸어서 슈퍼에 갔다 오자!' 해놓고도 한두 발짝 걷다가 다시 돌아와 오토바이 열쇠를 챙기곤 했다. 두 발로 걷고 있으니 거주자가 아니라 여행자라는 사실이 새삼스레 다가왔다. 이미 정해놓은 저녁 메뉴를 떠올리며 신나게 걸었다. 하노만 로드 끝자락에서 이탈리안 레스토랑 맘마미아_{Mamma mia}까지

는 걸어서도 금방이다. 와인도 한 잔 곁들일 생각에 발걸음이 빨라졌다.

게스트하우스가 있는 긴 골목 끝은 하노만 로드의 중간과 만났다. 하노만 로드는 큰길답게 어귀부터 분주했다. 일과를 마친 주민들, 밤 산책에 나선 여행자들, 길가에 앉아 대낮부터 맥주를 들이켠 장기 거주자들로 시끌벅적했다. 우붓은 주민들의 생활 공간과 관광지가 촘촘히 엮여 있는 마을이다. 내가 머물렀던 게스트하우스처럼 현지인의 집이 곧 숙소나 레스토랑, 가게이기도 했고, 트립어드바이저 추천 별 다섯 개짜리 레스토랑과 마을의 중심 역할을 하는 사원이 나란히 서 있는 곳이기도 했다. 새벽이면 이곳 사람들이 키우는 닭이 아침을 알리는 소리가 담장을 지나 예사로 넘어오고, 달이 차오를 때마다 전통 복장을 차려입고 제물을 머리에 올린 마을 아낙들이 우붓 곳곳을 차지한다.

하노만 로드에 들어서니 오토바이 부대가 길을 점령한 채 시원하게 달리고 있었다.

'아, 이런 멋진 사람들 같으니라고! 그래, 걷긴 뭘 걸어! 나도 저 무리에 끼어야지!'

마침 바로 길 건너편에 오토바이를 빌려주는 가게가 보였다. 두 번도 생각하지 않고 오토바이를 빌려 하노만 로드를 달리기 시작했다. 오랜만에 탄 날것의 교통수단이 밤바람을 부풀렸다. 건기인 9월의 바람이 속도를 높일수록 두 빰에 차갑게 달라붙었다.

우붓의 밤

밤의 게스트하우스는 고요했다. 문을 열고 들어서자 귀여운 도마뱀이 후다닥 어디론가 숨었다. 그러다 또다시 기어 나와 벽에 타닥타닥 꼬리를 쳤다. 반가워, 귀여운 도마뱀. 그동안 잘 지냈니? 건물은 오래된 것 같았지만 방은 정갈하게 관리되어 있었다. 조도가 낮은 노란 조명이 포근했다. 화장대를 겸한 책상 앞에는 커다란 거울이 걸려 있었다. 책상에 앉아 나를 바라보았다. 어제도 집에서 봤던 얼굴, 오늘도 몇 번이나 봤던 얼굴을 자세히 바라보았다.

거울을 보며 그날의 행복을 가늠하던 때가 있었다. 가장 눈여겨봐야 할 곳은 입꼬리였다. 입꼬리의 위치는 늘 미세하게 달랐다. 아래로 살짝 처진 날은 스스로 괜히 더 불행하다고 느꼈다. 내 삶은 왜 이런가 하는 자괴. 이게 다 잘 풀리지 않은 연애 때문이고 생각과는 다른 결혼 때문이라고 여겼다. 큰 고민 없이 즐겁게 살 때는 가만히 있어도 입꼬리가 살짝 올라가 있었다.

생각해보면 입꼬리가 늘 올라가 있던 시절은 살면서

별로 길지 않았다. 직장생활을 하면서 모은 돈을 들고 서울로 상경해 극단에 들어갔을 때, 가족들이 반대하던 길 위에 섰을 때, 친구들이 의아해하던 선택을 했을 때, 나의 입꼬리는 지그시 올라갔다. 그때는 혼자만의 시간을 갖지 않아도 내가 원하던 삶 한가운데 불쑥 들어가 있었기 때문에 충분히 행복했다. 그리고 그 무렵 그를 만났다. 무대 위에서 우리는 사랑을 시작했다. 하지만 가볍게 무대 위를 떠다니던 사랑도 점점 무거워지면서 현실로 굴러떨어졌다. 우리는 결혼을 하고 아이를 낳고 쫓기듯 무대에서 내려왔다. 돈이 필요했다. 입꼬리는 점점 내려갔다.

우붓에 발을 내딛고 그곳에서의 일상에 적응하던 시절, 아이가 학교에 가고 없는 조용한 방에서, 바깥의 뜨거운 햇살이 들지도 않는 어두컴컴한 방에서, 나는 자주 거울을 들여다보았다. 처진 입꼬리가 슬펐다. 그럴수록 거울을 외면하고 시선을 돌려 아이보다 키가 큰 야자나무를 바라보았다. 새파란 하늘과 푸르른 논을 바라보며 길 잃은 눈동자를 조금씩 붙들었다. 조금씩 입꼬리를 올려보았다. 조금씩 입꼬리가 움직이기 시작했다.

뜨겁게 내리쬐는 열대의 햇살에 아랑곳하지 않고 선크림도 바르지 않은 얼굴로 돌아다닐 때, 뻥 뚫린 거실로 세차게 내리붓는 우기의 비가 들이칠 때 입꼬리는 더 올라갔다. 나시 참푸르Nasi Campur를 현지인처럼 손을 쪽쪽 빨며 먹을 때, 태연하게 방 안으로 들어와 공동 거주를 선언하는 도마뱀을 바라볼 때, 아이도 아무렇지 않게 도마뱀에 눈길 한 번 주고 말 때… 그럴 때마다 입꼬리는 조금씩 더 올라갔다. 즐겁다고 주문을 외우지 않아도, 굳이 행복하다고 되뇌지 않아도 입꼬리만으로도 알 수 있었다. 오늘의 운세를 보듯 그렇게 입꼬리를 살폈다. 지금은, 적어도 처지지는 않았다. 내일은 분명 더 올라갈 것이다.

사각거릴 침대에 벌러덩 드러눕고도 싶었지만 하얀 시트의 안락함보다 부산할 우붓의 밤이 더 궁금했다. 결국, 들썩이는 엉덩이에 떠밀려 코코 마트를 찾았다. 골목만 벗어나면 바로 보이는 코코 마트 앞은 커다란 봉고차를 타고 막 우붓에 도착한 배낭족들로 북적거렸다. 코코 마트는 우붓에 갓 도착했거나 막 떠날 여행자들이 첫 쇼핑과 마지막 쇼핑을 하는 곳이자 이곳에 머무르는 동안 간편하게 장보기 좋은 곳이기도 했다. 빈땅Bintang 맥주 한 캔과 챙겨오지 못한 간단한 생활용품을 들고 계산대에 섰다. '58,900'이란 숫자가 찍히자 지갑을 열고 당당하게 5만 루피아 한 장을 꺼냈다. 그리고 2만 루피아, 또 1만 루피아를 한 장씩 더 꺼냈다. 갑자기 머릿속이 하얘졌다. 계산하

는 아가씨가 잠시 바보가 된 내 손에서 5만 루피아 한 장과 1만 루피아 한 장을 살며시 가져갔다. 나는 허탈하게 웃으며 잔돈을 받아들고 마트를 나섰다. 아이가 옆에 있었다면 분명 한마디 했겠다. "엄마, 도대체 왜 그래!" 씨익 웃으며 오래전 아이와 나눴던 대화를 떠올렸다.

"딸, 너는 나중에 어디서 살 거야?"
"몰라? 한국에서 살려나? 엄마는?"
"글쎄, 잘 모르겠는데?"
"내 생각에 엄만 나중에 다시 발리에서 살 것 같아."
"그래?" (네가 내 마음을 아는구나. 그래, 살고 싶다. 여기에서 살아봤지만, 다시 또 살고 싶다.)

게스트하우스로 돌아와 빈땅을 챙겨 들고 다시 책상에 앉아 거울을 봤다. 아까보다 입꼬리가 조금 더 올라가 있다. 그래, 오늘은 이거면 되었다. 우붓, 나, 그리고 천장의 귀여운 도마뱀만 함께 하는 온전한 고독. 그것으로 충분한 밤이었다.

나를 채우는 법

혼자만의 하루가 시작되었다. 커튼을 활짝 젖히고, 문을 드르륵 열고 발코니로 나섰다. 창밖으로 야자나무가 쭉쭉 뻗어 있었고 일찍 일어난 여행자들이 게스트하우스 정원 구석의 식당에서 두런두런 아침을 먹는 중이었다. 초록이 만발한 정원 한가운데에는 수영장이 포근히 안겨 있었다. 알람도 없이 눈이 떠질 때까지 단잠을 자다가 혼자 일어나는 상황이 비현실적이었다. 오늘은 뭘 할지 의견을 맞춰야 할 사람도 없었고, 내가 제안한 일정이 마음에 드는지 눈치 볼 사람도 없었다. 얼른 밖으로 나가보고 싶었지만 동시에 아무것도 하지 않고 가만히 쉬고 싶기도 했다.

조식 타임이 지난 게스트하우스는 고요했다. 아무도 없는 수영장을 홀로 차지했다. 새파란 하늘, 혼자 놀기 넉넉한 수영장, 시원한 바람, 정원의 풀꽃, 나무, 개미, 도마뱀… 어느 것 하나 넘치지 않았다. 부족한 것도 없었다. 찰랑이는 한낮의 고독이 아름다운 사치처럼 여겨졌다.

나는 늘 혼자가 편했다. '혼밥' '혼술'이라는 말이 생겨나기 전부터 혼자 느긋하게 밥을 먹었고 중학생일 때부터 혼자 영화를 보러 다녔다. 그러면서 사람들을 관찰했다. 노라 에프론은 그랬다지. 멀찍이 서서 다른 사람들의 인생을 지켜본다고. 나도 늘 관찰자였다.

그런 나를 잘 모르고 한때의 뜨거운 열정에 휩싸여 덜컥 결혼을 했다. 남편은 힘이 되었고 아이는 예뻤지만 혼자이지 못하는 시간이 길어질수록 삶은 삐걱거렸다. 결혼생활은 관찰자로 머무를 수 없는 구조였다. 좋든 싫든 한 가정을 꾸려가는 주인공이 되어야 했고, 아이를 낳은 뒤로는 앙앙 울어대는 초특급 주인공을 위해 잠시도 쉬지 않고 무대를 종횡무진하는 엑스트라도 되어야 했다.

관찰하는 관객의 자리에서 무대 위로 올라오니 배터리에는 늘 빨간 경고등이 켜졌다. 결혼생활은 받아치기 힘든 애드리브가 난무하는 공연이었다. 예측 불가의 애드리브에 어떻게든 대꾸할 방법을 찾기 위해 나는 닥치는 대로 책을 읽었다. 그 결과, 내가 고른 남자는 북적북적 사람들과 어울리며 충전하는 사람이라는 사실을 뒤늦게 알게 되었다.

반면에 나는 혼자 있을 때 차오르는 사람이었다. 머리가 복잡해지고 마음이 헝클어지면 나는 홀로 동굴 속에 들어가 글을 토해냈다. 타인을 관찰하기도 좋아했지만 최고의 관찰 대상은 바로 나였다. 내면에 빨간 경고등이 깜빡이는 나를 관찰하고 이를 글로 정리하지 못하면 컨베이어 벨트 위에 올려진 물건처럼 떠밀리듯 살아졌다. 짬을 내 그 위에서 내려와 카페로 달려가 아메리카노를 한 잔 시키고 숨을 고르며 허둥지둥 글을 뱉어낸 후에야 엉킨 실타래가 풀리듯 마음이 정리되었고 다시 일상으로 돌아갈 힘이 생겼다. 한발 물러나 나의 내면과 주변을 관찰하는 일은 무료한 시간 때우기가 아니라 나를 채우는 방법이었다.

누구에게나 혼자만의 시간이 필요하다. 혼자만의 시간이란 어쩌다가 우연히 홀로 남게 되어 시간을 보내야 하는 수동적인 상황이 아니다. 자발적인 선택에 의해 만들어진, 주체적이고 능동적인 시간이다. 이것이 중요한 이유는 나에게 소중한 것을 발견할 수 있는 기회이기 때문이다. 혼자 있을 때만 보이는 것이 있다. 미처 알지 못했던 마음, 감정, 생각 그리고 비밀 같은 것들. 사람은 혼자일 때 본연의 모습에 충실하다. 충실하다는 것은 자신에게 정직하다는 뜻이고, 진짜 삶을 살아간다는 의미다. 자기를 보듬는 사람만이 스스로 빛날 수 있고, 자기다움을 견지하는 사람만이 개별자로서의 나를 지킬 수 있으며, 마음에 솔직한 사람만이 삶의 존엄을 수호할 수 있다.

(중략)

그러고 보면 카페야말로 혼자 있기에 알맞은 장소다. 나라는 사람에서부터 다른 누군가와 또 다른 누군가에 이르기까지, 그곳에는 다양한 사람들의 독립이 존재한다. 나만을 위한 순간에 나만 느낄 수 있는 것에 몰입하는 사람, 이해할 수 없는 것을 이해하기 위해 자기만의 시간이 필요한 사람, 너무 외로워서 차라리 혼자이기를 자처한 사람 등 많은 이들이 하나의 장소에 모여 그곳의 공기를 공유한다. 카페는 그들에게 아무것도 묻지 않고 지켜봄으로써 모든 것을 품는다. 이것이 카페가 주는 푸짐하면서도 든든한 위로다.

_《혼자 있기 좋은 방》 (우지현 지음, 위즈덤하우스, 2018) 중

내게는 그 카페가 바로 우붓이었다. 실제로 우붓 구석구석의 수많은 카페에서 그 다양한 독립을 관찰했고 내 안의 나를 만나 위로했다. 번지수를 제대로 잘 찾아온 곳이었다. 한국에서는 바짝 웅크렸던 마음이 우붓에서 기지개를 쫙 폈다.

수영장 가장자리에 매달려 참방참방 발을 차다가 팔에 고개를 묻고 삐딱하게 하늘을 바라보았다. 나무에 주렁주렁 매달린 파파야를 구경했고 바닥에 떨어진 과자 부스러기를 부지런히 옮기고 있는 개미를 바라보다 이내 수면 위에 몸을 둥둥 띄우고는 파란 하늘과 흰 구름을 눈에 담았다.

얼마 후 한낮의 태양이 지친 듯 부실해지자 밖으로 나갔던 여행자들이 하나둘 게스트하우스로 돌아왔고, 커다란 배낭을 멘 여행자들도 새로 들어왔다. 수영장의 인구밀도가 높아지자 나는 주섬주섬 짐을 챙겨 일어났다. 활기찬 우붓의 오후 속으로 첨벙 섞여들기에 쨍하게 좋은 날이었다.

꿈을 묻는 여자

　　　　코코 마트 옆에 있는 카페 무슈 스푼Monsieur Spoon은 우붓에서의 내 작업실이자 영혼의 안식처였다. 그곳에서 노트북을 놓고 앉아 몇 권의 책도 번역했고 아이의 학교가 끝나면 간식을 먹으러 갔으며 와인에 곁들일 바게트도 늘 거기에서 샀다. 우붓에서의 내 추억이 고스란히 담긴 곳이었다. 무슈 스푼 주차장에 오토바이를 세우는데 콧구멍이 벌써부터 신이 나 벌름댔다. 숨을 크게 쉬어 빵 냄새를 들이마시며 헬멧을 벗었다. 익숙한 공간으로 빨려 들어가자 낯익은 얼굴들이 보일 듯 말 듯한 미소를 지으며 웃어주었다. 시간 여행자가 된 기분이었다. 내가 어제도 여기 있었던가?

　　　　무슈 스푼 안은 여느 때처럼 맥북과 디지털 노마드, 요가 매트와 쫄쫄이, 시커먼 얼굴과 커다란 배낭이 어지럽게 뒤섞여 있었다. 자리에 앉아 커피와 크루아상을 주문했다. 한때 나무 도마에 올려주는 무슈 스푼의 커피 한 잔과 크루아상 하나로 해결 못할 고민은 없다고 생각했다. 머리가 복잡해지면, 고민이 생기면, 아이가 말썽을 부리면, 삶이 생각대로 풀리지 않으면, 그곳에서 커피와 크루아상을 앞에 놓고 경건한 마음으로 있는 그대로 삶을 받아들였다. 두 손으로 머그잔을 들고 카페라테를 홀짝이며 따끈하고 바삭한 크루아상을 손가락으로 쭉 찢어 입에 넣었다. 도마 위에 떨어진 부스러기까지 손가락으로 꾹꾹 찍어 쪽쪽 빨고, 다 식은 커피 거품까지 숟가락으로 싹싹 긁어먹고 나면 그제야 움츠러들었던 가슴이 펴지고 부글부글하던 마음도 차분해졌다. 다시 힘을 내 새 마음으로 걸어나갈 용기가 생겼다.

무슈 스푼의 테이블마다 추억이 서려 있었다. 저 테이블에서는 한국에서 온 친구들과 커피를 마셨고, 에어컨에서 물이 뚝뚝 떨어지는 저 테이블은 늘 추웠지. 창가에 붙은 저 테이블에서 일을 가장 많이 했고, 지금 앉은 이 테이블에서는 앤디와 대화를 했었지.

은퇴한 교수님인 앤디는 가끔 프로젝트 연구를 하느라 우붓과 브리즈번을 오가며 살고 있었다. 그는 백발이었지만 나이에 비해 몸이 탄탄했고 물구나무도 벌떡벌떡 서는 요기Yogi였다. 그 테이블에 앉으니 문득 가장 기억에 남았던 앤디와의 대화가 잊히지도 않고 다시 떠올랐다.

"앤디, 요즘은 어떻게 지내?"

"글을 써."

"글을? 무슨 글?" (글 쓴다는 사람은 다 신기하다!)

"소설? 글쎄, 나도 모르겠어. 그게 소설이 될지 어떨지. 그래도 우선은 날마다 써보려고. 내 머릿속에 이야기가 좀 많거든."

"어떤 이야기?"

"사람들 이야기. 떠도는 사람들, 꿈꾸는 사람들, 고향을 그리워하는 사람들… 뭐, 그런 사람들 이야기."

"조금 더 자세히 이야기해봐."

그날 나는 질투와 자기 비하에 사로잡혀 그의 이야기에 빠져들었다. 망치로 맞은 듯 머리가 핑핑 돌았다. 나는 늘 늦었다고 생각했고, 그래서 조급했다. 반대로 검은 머리 하나 없는 그는 아직도 청춘인 듯 여유로웠다. 청년처럼 꿈을 이야기했다. 나는 아직 젊고 그는 늙었는데, 내가 한발 물러나 삶을 회의하고 불안해하는 동안 그는 나이가 무슨 대수라는 듯 삶에 풍덩 빠져 있었다.

연륜이 주는 선물인가? 더 이상 공들여 삶을 꾸릴 까닭 없이 필요한 만큼 다 갖춰놓은 자의 여유인가? 내가 생각하는 젊음과 그가 생각하는 젊음이 그렇게나 다르다는 생각에 머릿속이 아득했었다. 은퇴 이후의 삶을 어떻게 꾸려갈 것인가? 아니, 곧 다가올 중년의 삶, 그보다 더 먼저 지금 이 순간을 과연 어떻게 꾸려가야 할 것인가? 고민이 꼬리를 물었다. 내가 보아온 노년의 삶은 골프와 등산과 소비, 그리고 가끔의 해외여행이 전부였다. 안락한 집과 풍족한 돈을 바탕으로 그동안 못다 한 취미생활을 하며 귀여운 손주들에게 두둑한 용돈을 건네주는 삶 말이다. 그런데 그 흰머리 할아버지는 여전히 뭔가를 만들어내려고 했다. 무에서 유를 창조하려고 했다. 난센스 퀴즈에서 혼자만 기발한 답을 생각해내지 못해 머쓱해진 청춘처럼 나는 쪼그라들었다.

　　한국 사회에서 서른, 혹은 마흔은 꿈과 쉽게 어울리지 않는 단어다. 두 단어를 보란 듯이 모두 걸치고 살아가는 사람들이 있긴 했지만, 그들의 삶은 워낙 귀하고 신기해 책으로 쓰였다. 그들은 희망을 주며 당신도 할 수 있다고 말했지만, 그 희망은 너무 멀게 느껴졌다. 나는 내 주변에서 함께 자신의 꿈을 나누고 성장하고 힘을 주고받을 친구를 원했다. 어린이집 엄마들과도 아이의 성장 말고 서로의 성장을 논하고 싶었다. '오늘 뭐 먹지' '애 방학 때 뭐 하지' '한글 학습지 뭐 하지' 이야기하는 만큼 나의 성장도 논하고 싶었다.

　　하지만 그러기에는 사회가 엄마에게 바라는 것이 너무

많았고 바라지 않는 것은 확실했다. 엄마들은 꿈꾸고 성장할 여유가 없었다. 어렸을 때는 다들 자기만의 꿈을 꿨는데, 그 단어 하나로 버티던 시절도 있었는데 뭐가 달라진 것일까? 나이를 먹고 결혼을 하고 아이를 키우는 것과는 별개로 나는 여전히 하고 싶은 게 자꾸 생겼는데 그 꿈을 함께 나눌 수 있는 사람은 점점 줄어갔다. 어느 순간 '내가 이상한가?'라는 자기 의심이, '이러면 안 되나?'라는 확신 없음이, '다들 그렇게 사는데, 뭐'라는 체념이 착실히 꼬리를 물었다.

    부부 사이에서도 마찬가지였다. 콩깍지가 씌어 후다닥 결혼이라는 거사를 해치우고 아이를 낳고 생활이라는 쳇바퀴에 무사히 안착하고 나니, 꿈은 바큇살 사이로 어느새 다 빠져나가버리고 없었다. 그 꿈이 무엇이었는지 더 이상 서로 묻지도 않았다. 아이가 있는 부부에게 한쪽이 꿈을 꾼다는 것은 '그래서 가족을 돌보지 않겠다고?'라는 질문으로 이어졌다. '이기적이고 무책임한 거 아니야?'라는 질책을, '왜 너는? 왜 너만 아직도?'라는 힐난이나 철 좀 들라는 협박을 낳았다. 아무도 어른에게는 꿈을 묻지 않았다. 사실, 오늘날 청년들에게도 꿈은 이미 사치가 되어버렸다. '꿈이 뭐야?'라는 물음은 젊은 그들에게도 '그래서 뭐 먹고살 건데?'와 더 가까운 질문이었다.

    질문이 사라지면 답도 사라진다. 비록 꿈 한 자락이 피어올랐다가도 '에이, 되겠어' 하며 체념하는 순간, 고개를 설레설레 흔들고 한숨을 쉬며 아이를 데리러 가거나 청소기를 집어 들거나 이불을 털게 되었다. 혹은 밀린 설거지나 하자 싶어 싱크대로 가서 수세미를 들다가 어수선해진 마음에 냉장고를 열어 주전부리를 찾았다. 그리고 스스로에게 따끔하게 한마디 했다. '철 좀 들어. 정신 차리자.' 하지만 그 반대의 말도 끝없이 들려왔다. '왜 안 되는데? 왜 나는 꿈을 꾸면 안 되는데? 왜 엄마는, 아내는, 서른 중반의 여자는 꿈을 꾸면 안 되는데?' 쉽사리 내치기 힘든 목소리가 밤마다 일기장에 켜켜이 쌓여갔다.

그런데 우붓에서는 그렇지 않았다. 아무도 '여자니까' '엄마니까' '어른이니까'라며 나를 제한하지 않았다. 대신 내 삶을 찾으라 했고, 즐기라 했고, 꿈꾸라 했다. 무엇보다 네 행복이 우선이라 했다. 여자니까, 엄마니까 희생해야 한다고, 어른이니까 이제 꿈같은 건 내려놓으라고 아무도 말하지 않았다. 그 무언의 응원과 위무가 나를 자극했다. 내 꿈을 건드렸다. '그래! 나도 꿈이 있었잖아. 생각해봐!'

나는 결혼이라는 상자에서 잠시 빠져나와 우붓으로 터를 옮기면서 다시 꿈을 꾸기 시작했다. 잘 때 꾸는 꿈 말고 이루고 싶은 꿈, 불가능해 보여야 더 멋져 보이는 꿈을. 꿈은 실현 가능성이 없을수록 흥미진진하다. 최대한 비현실적이어야 재밌다. 충분히 실현 가능하다면 그건 미래에 대한 계획이겠지. 그래서 나는 최대한 엉뚱한 꿈을 꾸었다. 작가가 되겠다는 꿈을. 춤추는 사람이 되겠다는 꿈을. 글을 쓰고 싶었던 까닭은 아마도 말을 하고 싶어서였을 것이다. 춤을 추고 싶었던 이유는 내 몸과 화해를 하고 싶어서였을 것이다. 우붓에서라면 무슨 꿈이든 이룰 수 있을 것 같았다.

    물론 새로운 공간에서도 때때로 '아줌마, 꿈 깨'라는 소리가 내 안에서 들려왔다. 30년이 넘도록 내 안에 내재화된 관성에 뜨끔했지만 무시했다. 듣고 싶은 말만 듣기로 했다. 엄마로만, 아내로만 살지 않겠다고 큰 결심을 하고 떠나왔으니 그 정도 고집은 부리기로 했다. 우붓은 내게 그래도 되는 곳이었다.

서둘러, 시간이 없어

"나시 참푸르 하나 포장이요!"

하노만 로드에서 코코 마트를 지나 조금 더 남쪽으로 내려가면 왼편에 주유소가 나오는데, 이 주유소를 끼고 돌면 바로 옆에 초록색의 나시 참푸르 가게가 있다. 인도네시아어로 '나시Nasi'는 밥, '참푸르Campur'는 섞는다는 뜻이다. 말 그대로 밥과 여러 가지 반찬이 섞인 인도네시아 대표 한 끼라 할 수 있겠다. 점심시간이 지나면 음식이 동나 자주 문을 닫는 곳인데 아직 열려 있었다. 금방 문이 닫힐세라 허둥지둥 오토바이를 세우고 가게 안으로 부리나케 들어갔다. 한낮의 텁텁한 공기에 익숙한 음식 냄새가 뒤섞여 코를 찔렀다.

주인아주머니가 황토색 종이를 한 장 들더니 순식간에 꼬깔콘 모양으로 말아 쥐었다. 그다음 주걱으로 밥을 퍼 가장 먼저 담고 그 위에 손으로 반찬을 얹었다. 사테Sate 하나, 달달한 콩 요리 템페Tempeh도 약간, 야채와 닭고기, 돼지고기도 골고루 담고 숟가락으로 국물도 넉넉하게 끼얹은 뒤 아주머니는 내게 물었다.

"삼발Sambal 드려요?"

크게 고개를 끄덕하자 이내 매콤한 소스가 더해졌다. 종이 윗부분을 접고 노랑 고무줄로 한 번 묶고 나면 튼튼하게 포장도 완료다. 그러고는 나 같으면 당장 버렸을, 정체 모를 행주에 손가락을 한 번 닦고 그 손으로 돈을 받았다. 다음 손님이 오면 또 그 시커먼 행주에 손가락을 쓱 문지른 다음, 다시 그 손으로 반찬을 담겠지. 우붓에서 살던 4년 동안 그곳에서 사온 나시 참푸르를 먹고도 아이와 나 둘 다 죽기는커녕 배탈 한 번 안 났으니 고국의 위생 관념 따위는 한쪽으로 고이 밀어 놓아도 좋다.

새로운 곳에 도착한 여행자는 새로운 사고방식을 받아들여야 한다. 돈 받는 손과 음식 담는 손이 같을 수 없다는 개념이 확실한 곳이 지구상에 존재한다면, 그런 것쯤은 아무래도 괜찮다는 곳도 분명 있다. 오토바이는 폭주족이나 타는 위험한 교통수단이라고 생각하는 곳이 있다면, 갓 태어난 아기도 엄마 품에 안겨 오토바이를 타는 것이 자연스러운 곳도 있다. 여행자는 다만 그곳의 규율에 자연스럽게 섞여들거나 섞이기 싫으면 그들의 문화를 존중하면 된다.

우붓에 자연스럽게 섞여들고 싶다면, 나시 참푸르는 손으로 먹는 것을 추천한다. 그래야 제맛이기도 하다. 처음 발리에 정착한 외국인들은 나시 참푸르 앞에서 곤란하다는 표정으로 포크와 숟가락을 찾지만, 오토바이 매연과 자유분방한 파리들 때문에 어찌 보면 깨끗하게 씻은 손이 더 나을 수도 있다. 현지인들이 즐겨 찾는 식당에는 한쪽 벽에 당연한 듯 세면대가 자리 잡고 있다.

  숟가락과 포크를 과감히 포기하고 나시 참푸르를 처음 손으로 먹을 때는 김치라도 담근 듯 온 손이 삼발 소스 범벅이 되겠지만, 금방 적응해 손가락이 곧 제 역할을 다하게 될 것이다. 손으로 밥을 먹는 데에도 기술이 있다. 우선 엄지와 검지, 중지로 밥과 반찬을 잘 섞어 뭉친다. 그다음 역시 세 손가락으로 나시 참푸르를 집어들어 엄지로 쏙 밀어넣는다. 날아다니는 밥알들을 잘 뭉칠수록 입으로 한 번에 집어넣기 편하다. 나시 참푸르를 포장해서 가게를 나오는데 손가락들이 벌써 알고 꼼지락댔다.

  나시 참푸르 집 건너편에는 제법 큰 마트가 있다. 마트 앞 넓은 주차장에서는 저녁만 되면 다양한 좌판이 벌어졌는데, 버터 향으로 코를 자극하는 옥수수 구이와 달콤한 바나나 튀김부터 매콤한 소스를 찍어 먹는 두부 튀김까지 갖은 음식들이 기름 냄새를 풍기며 식욕을 자극했다. 동글동글 미트볼이 떠 있는 국물 요리 박소Bakso도 있고 인도네시아식 두툼한

팬케이크 마르타박Martabak도 출출할 때 간식으로 좋았다. 해가 떨어지려면 아직 멀었는데도 이미 시끌벅적할 밤의 풍경이 눈에 선했다.

하루에도 몇 번씩 지나다니던 그 길에 다시 서자 새해맞이 불꽃놀이처럼 추억들이 팡팡 터졌다. 휴가가 일주일뿐이라는 사실이 벌써 아쉽다. 나에겐 시간이 없다. 주황색 봉지에 담긴 나시 참푸르를 오토바이 핸들에 대롱대롱 매달고 시동을 걸었다. 여기에서 조금만 더 가면 우붓 스튜디오다. 몸을 아름답게 움직이는 사람이 되고 싶다고 막연하게 생각만 하던 내가 마침내 그럴 수 있는 사람으로 거듭난 곳. 마음속에 묻어두기만 했던, 춤을 추고 싶다는 꿈을 실현하며 실컷 행복했던 곳. 어서 그곳으로 가서 춤을 추자. 춤을 춘 다음 오토바이를 타고 달리면 가슴이 양팔을 벌리고 활짝 웃는 것 같았던 그 느낌을 떠올리며, 귓가에 웅웅 대는 바람에 웃음을 실어 미리 보냈다.

우붓 스튜디오, 그곳에 나의 오래된 우붓 친구들이 있었다.

사람이 사람을 불러 모으는 곳

발리섬 산 중턱의 시골 마을이지만 우붓은 예술 마을답게 전통 춤부터 다양한 소셜 댄스까지 발리의 각종 춤을 선도하는 지역이다. 그중에서도 우붓 스튜디오는 살사, 바차타, 키좀바, 탱고에 밤마다 관광객들의 발길을 사로잡는 화려한 전통 춤까지 다양한 수업을 거의 매일 제공했다. 우붓을 떠나기 전까지 그곳에서 수많은 시간 동안 춤을 추고 술잔을 기울이고 수다를 떨었다. 꼭대기 층을 스튜디오로 내준 피트니스 센터 건물 앞에는 친구들의 익숙한 오토바이가 나란했다.

오토바이를 세우고 1층의 땀 흘리는 근육질 아저씨들을 지나, 가끔 아줌마들이 귀가 찢어질 듯 음악을 틀어놓고 에어로빅을 하는 2층을 지나 (다행히 그날은 조용했다) 3층으로 올라갔다. 3층에 들어서자 4층에서 수업 중인 아궁의 익숙한 목소리가 들리기 시작했다.

"원 투 쓰리, 파이브 식스 세븐."

사람을 기분 좋게 하는 그의 에너지가 계단까지 퍼져 있었다. '아궁은 역시 그대로군. 친구들도 전부 그대로겠지?'

계단을 끝까지 오르면 뻥 뚫린 루프탑 한쪽에 마루를 깔고 두 면에 거울을 붙인 스튜디오에서의 수업이 반가운 비명 소리와 함께 잠시 중단될 것이다. 기분 좋은 기대를 품고 두근거리는 마음으로 계단을 올랐다.

"아리!"

아니나 다를까. 가장 먼저 나와 눈이 마주친 메이가 파트너의 손도 뿌리치고 내게로 달려왔다. 학생들 사이를 돌며 자세를 점검해주고 있던 아궁은 바로 달려오지 못하고 소리만 질렀다. 친구들의 얼굴에는 놀람과 반가움이 퍼졌고, 모르는 이들의 얼굴에는 궁금함이 번졌다.

"어서 와! 반가워!"

"잘 지냈어? 오랜만이야."

친구들과 짧지만 뜨거운 포옹을 나눴다. 나를 반겨주고 안아주는 우붓의 손길이 있다면 아마 이것이리라. 그 손길 덕분에 나는 그 순간에 완벽하게 스며들었다. 어제도 마치 여기에 있던 사람처럼 스튜디오의 자연스러운 일부가 되었다. 먼지를 쓰고 굴러다니다가 제자리에 끼워진 나사처럼 마음이 편해졌다. 수업이 끝나고 친구들이 몰려와 질문을 퍼부었다.

"아리! 언제 왔어?"

"어젯밤에 왔지!"

"왜 연락 안 했어?"

"놀라게 해주려고 그랬지!"

"하하, 성공했네. 진짜 놀랐어. 이때쯤 온다고 했던 것 같은데 그게 오늘이었을 줄이야!"

아궁이 말했다.

"그런데 예니는?"

레나가 물었다. 춤추러 갈 때마다 데리고 다녔던 딸아이를 늘 예뻐해주던 친구였다.

"다 커서 이제 안 따라온대. 게다가 학교가 방학이 아니거든. 학교 빠지는 걸 참 싫어하는 이상한 아이야."

"정말? 아무리 그래도 발리를 안 따라왔단 말이야? 서운한걸? 이제 너보다 더 컸지?"

"아니! 아직은 아니야. 아직은 내가 약간 더 커. 이만큼."

나는 엄지와 검지를 아주 살짝 떼어 보여주었다.

"흐흠, 못 믿겠는데?"

"정말이래도. 글쎄, 돌아가면 더 커 있을지도 모르겠다."

"얼마나 머물 거야?"

"사투…" ('사투Satu'는 인도네시아어로 '1'이라는 뜻이다.)

내가 대답에 뜸을 들이자 옆에서 카노가 물었다.

"사투 불란?" (한 달?)

그러자 옆에서 메이가 재빨리 대답을 가로챘다.

"사투 타훈!" (일 년!)

나는 울상을 지으며 처량하게 대답했다.

"사투 밍구 아자." (일주일밖에 못 있어.)

"뭐라고? 왜 그렇게 휴가가 짧아?"

"하하. 나 한국 사람이거든! 우리 유전자는 그래. 휴가는 최대 일주일이야. 안 그러면 큰일 나는 줄 알아."

위디가 끼어들어 물었다.

"정말 쉴 거야? 일하려는 거 아니고?"

"응. 안 할 거야. 노트북을 들고 오긴 했지만 이번엔 정말 쉬기만 힐 거야!"

"정말? 그게 가능해? 내 친구 하나도 휴가라고 놀러 오더니, 전화 한 통 받고서는 바로 노트북 켜던데? 디자이너거든. 너도 다르지 않을 텐데?"

"하하. 맞아. 날 너무 잘 아네."

프리랜서의 애환이다. 출근도 퇴근도 없지만 일에서 완전히 벗어날 수 있는 휴가도 없다.

"그런데 제롬은 아직 프랑스에 있다고?"

다시 수업이 시작되고 조용해진 틈을 타 나는 비자 연장을 위해 잠시 고국으로 돌아간 다른 친구의 안부를 레나에게 물었다.

"응, 가자마자 새 여권을 신청했는데 5주가 넘게 걸린다는 거야. 할 수 없이 비행기표를 바꿨대."

"말도 안 돼? 그렇게 오래 걸릴 일이 아닐 텐데?"

"그러게 말이야. 사실 나도 비슷한 일이 있었어. 나도 얼마 전에 비자 연장 때문에 고향 친구네 머무르면서 새 여권을 신청하고 우편으로 받기로 했어. 그런데 아무리 기다려도 안 오는 거야. 문의 전화는 또 오후 세 시부터 네 시 반까지밖에 안 받는다는데 아무리 전화를 해도 받아야지! 진짜 매일 한 시간씩 전화통만 붙들고 있었다니까. 밖에 나갔다가도 그 시간에 꼬박꼬박 들어와서 말이야. 어휴! 다시 생각해도 정말 화가 나. 곧 다른 나라로 가야 했는데 신분증이 있어야 말이지. 결국 엄마한테 전화해서 내 옛날 방에서 안 쓰는 신분증을 찾아달라고 하고는 그걸 또 우편으로 받아서 갔다 왔다니까."

"그렇게라도 할 수 있어서 다행이었네."

"어쨌든 내 사정을 아는 친구가 참다못해 직접 관청에 가보기로 했어. 나보다 더 화를 내며 당장 가서 찾아주겠다는 거야. 그런데 글쎄 "여권 찾으러 왔는데요!" 했더니, 잠시 부스럭거리다 "여기요" 하더래. 정말 기가 막혀서. 전화는 도대체 뒀다 뭐하려고!"

제롬과 레나의 나라는 프랑스와 독일이다. 레나의 말을 들으면서도 우리가 선진국이라고 믿는 나라들의 업무 처리 속도라는 것이 잘 믿기지 않았다. 그러고 보면 한국은 참 좋은 나라다. 여권이라면 며칠 만에 집으로 정확히 배달되니까. 그것 말고도 한국의 좋은 점은 많았다. 단지 내가 찾는 좋은 점이 없었을 뿐.

우붓에는 소위 선진국이라고 불리는 나라에서 온 많은 이들이 살고 있었다. 수많은 여행자들이 다녀가는 곳이기도 하지만, 그만큼 많은 이들이 각자의 이유로 본국에서의 삶을 정리하고 우붓에 터를 잡아 살아가고 있었다. 그들끼리는 친구가 되면 어쩌다 여기 살게 되었는지 서로 묻는다. 그중에서 가장 기억에 남는 한 친구의 대답은 바로 이것이다.

"넌 어쩌다 우붓에 살게 되었어?"

"우붓은 특별한 곳이니까."

"뭐가 특별한데?"

"사람들. 이곳 사람들은 정말 여기 사는 게 행복해 보여. 전 세계를 돌아다녔지만 발리 사람들만큼 행복해 보이는 사람들은 없었어."

그 대답을 듣고 나도 무릎을 쳤다. 전 세계의 많은 이들을 불러 모으는 것은 그 땅의 기운도, 자연도, 문화도 아니었다. 바로 그 땅에서 태어난 사람들이었다. 우붓에서 태어나 힌두 신의 품에서 자신에게 주어진 삶을 있는 그대로 받아들이며 살아가는 평화로운 사람들이었다. 웃음과 친절이 몸에 배어 있는 사람들이었다.

눈에 보이는 이익을 쫓기보다 보이지 않는 신의 돌봄 안에서 현재에 충실하고 그 안에서 행복을 찾는 사람들. 달아나거나 바꾸기보다 그저 받아들이는 사람들. 변화를 주도하지는 못하지만 자기 속도대로 자기 것을 지키며 느릿느릿 변화에 적응하는 사람들. 우붓은 그런 사람들의 땅이었다.

늘 내가 발 딛고 선 현실로부터 달아나려 했고, 내가 처한 상황을 바꾸려 했던 나에게 그들의 차분한 받아들임은 이질적으로 다가왔다. 나는 그 다름에 빠져들었다. 이곳에 머물면 나도 그들처럼 평온과 행복을 얻을 수 있을지 궁금했다. 그래서 그들과 함께 살아보고 싶었다.

왜 우붓이냐고요?

"어쩌다 우붓에 살게 된 거예요?"

우붓에 사는 동안, 그리고 그곳에서의 삶을 정리한 뒤에도 피할 수 없이 자주 받았던 질문이다. 초면에 불쑥 이유를 묻는 사람들 덕분에 나는 더 열심히 답을 찾았다. 마음속 서랍에서 예전 기억들을 꺼내 먼지를 후 불면 내가 떠날 수밖에 없었던 이유들이 뽀얗게 모습을 드러냈다.

"음, 한국이 싫었던 건 아닌데 30년 넘게 살다 보니 좀 지겨웠다고 할까요? 한 나라에서 30년이면 충분하다고, 이제 다른 나라에서 살아보고 싶다고 생각했어요. 하지만 결혼한 상태였죠. 어린아이까지 생겨 셋이 되었으니 더더욱 쉽지 않았어요. 그러다가 아이가 조금 더 크고 나니 충분히 움직여도 되는 상황이 되었고 그래서 밀어붙였죠. 물론 어려운 점도 있었지만 잘한 결정이라고 생각해요. 좋아요. 끝을 알 수 없다는 것. 그게 절 설레게 해요. 결혼 전 딱 1년 직장생활을 했던 적이 있었어요. 출근하고 퇴근하고 밤마다 운동하러 가고 가끔 친구들과 술 한잔하는 규칙적인 생활이었죠. 매일 똑같은 그

하루가 싫었어요. 일이 힘든 것도, 누가 날 괴롭히는 것도 아니었고 생각하기에 따라서는 그저 행복할 수도 있는 시간이었어요. 하지만 그땐 젊었나 봐요. 너무 일찍 쳇바퀴에 들어서버렸다는 느낌을 지울 수 없었어요. 계절이 한 바퀴 도는 동안 매일 밤 생각했어요. '벗어나고 싶다. 어제도 오늘도 내일도 똑같은 이 생활 정말 지겹다.' 내일이 궁금한 생활이 필요했어요. 내일은, 일주일 후에는 어디서 무엇을 할지 모르는 세상에서 나의 가능성을 확인하며 살고 싶었어요. 결혼했다고 해도, 아이가 있다고 해도 말이에요. 그래서 떠났고, 지금 여기 있네요."

이렇게 대답하고 나면 자연스레 다음 질문이 이어졌다.

"그럼 왜 하필 우붓이에요?"

"왜 우붓이냐고요? 거창한 이유는 없어요. 아이가 일곱 살 때 발리로 가족 여행을 왔어요. 힘들게 겨우 낸 시간이었죠. 그때 우붓에 며칠 묵으면서 시내 한가운데의 드넓은 잔디 운동장 옆에 있는 허름한 도서관에 갔어요. 먼지가 뿌옇게 쌓인 책들이 두서없이 꽂혀 있더라고요. 주인을 잃고 세계 곳곳을 떠돌다가 손에 손을 거쳐 그곳에 도착했을 책들이 가득했어요. 2층으로 올라가면 모양도 색도 다양한 나무 책상과 의자들이 뻥 뚫린 창 너머 열대의 풍경과 퍽 어울렸죠. 먼지가 서걱서걱 밟혔고 더 연로한 먼지는 타일 바닥과 하나가 되어 발바닥을 새카맣게 만들었어요. 여행 중이었음에도 회원가입을 해서 아이가 읽을 책을 빌렸고 다음 날 다른 도시로 이동하는 와중에 부랴부랴 도서관에 들러 책을 반납하면서 생각했어요. '여기에서 살아보고 싶다.' 그뿐이에요. 이상하죠? 책이 그렇잖아요. 책들은 가끔 그렇게 알 수 없는 마법을 부려요. 아무튼, 그래서 왔어요. 그래서 우붓이었어요. 아, 그리고 또 있어요. 여행에서 돌아와 우붓에서 살아볼까 고민하면서 필요한 정보를 검색하다가 우연히 이미 우붓에 살고 있는 이들의 블로그를 보게 되었어요. 그곳에 블로그 주인들의 책장 사진이 있더라고요. 책에 관심이 많으니 어떤 책들이 꽂혀 있는지 유심히 봤죠. 그런데 몹시 편협한 제 책 취향과 아주 비슷하더라고요. 그래서 '아, 나랑 비슷한 사람들이 사는 곳이구나. 그럼 나도 살 수 있겠다.' 그렇게 생각한 거죠. 너무 단순하죠? 그러니까 한마디로 특별한 이유 없이, 머리보다 마음에 끌려서 왔다고 할까요."

    이것으로도 답이 부족하다는 표정을 되돌려 받으면 더 오래된 이유를 꺼낼 차례였다.

    대학을 졸업하자마자 워킹 홀리데이 비자를 받아 호주로 떠났다. 가족들에게는 영어를 배우러 간다고 했지만 속마음은 탈출을 셈하고 있었다. 서울로 떠난 모험으로도 부족해 더 큰 세상을 맛보고 싶었다. 비행기표와 3개월치 학비만

들고 시드니 공항에 내렸다. 영어를 공부했고 돈을 벌었고 여행을 했다. 새로운 사람들을 만났고 사람을 대하는 새로운 방법을 익혔다. 그곳에서 만난 친구들은 직업의 귀천과 나이, 출신에 상관없이 자연스럽게 어울렸고, 모두가 평등했다. 대학이라는 타이틀을 위해 앞만 보고 달렸던 내게, 사다리 끝까지 최대한 높이 올라가야 한다고 배웠던 내게, 그 어떤 조건에도 굴하지 않고 당당한 사람들과 그들이 맺는 평등한 관계는 한여름의 얼음물처럼 청량했다.

아무도 이전의 내 모습을 모르는 새로운 곳에서, 나는 누구도 될 수 있었고 동시에 누구도 되지 않을 수 있었다. 나는 무대에 서는 배우인 양 다른 성격을, 다른 삶을 실험해보았다. 이런 사람도 되어보았다가 저런 사람도 되어보았다. 내가 가진 다양한 모습 중에서 내게 가장 잘 맞는 모습을 찾아나갔다. 자유로웠다. 마침내 일상은 빠져나가야 할 어두컴컴한 동굴이 아니라, 햇살을 받으며 총총 건너는 징검다리가 되었다. 드디어 매일이 아름다워 보이기 시작했다.

새벽같이 일어나 호텔로 출근해 열심히 접시를 나르고, 푸른 잔디와 울창한 나무가 가득한 공원을 거닐다 샌드위치로 점심을 때우고, 도서관에서 영어 책을 빌려 모르는 단어를 찾아가며 읽고, 세계 각국의 다양한 친구들과 뿌연 연기 속에서 몸을 흔드는 시간들이 꼬박꼬박, 만족스럽게 지나갔다. 알람으로 맞춰놓은 영어 뉴스를 이해하며 잠에서 깨어날 수 있게 되기까지 나는 차곡차곡 여물었다.

　　나를 옥죄던 틀에서 벗어나는 데에만 집중하느라 제대로 돌보지 못했던 스스로를, 열심히 일해서 번 돈으로 융숭히 대접했다. 난생처음 스노클링도 해보았고 번지점프도 해보았다. 마음 맞는 친구들과 해변을 따라 여행하며 광란의 밤도 보냈고 한국에서는 입어보지 못했던 과감한 옷들도 입었다. 매일 다를 것 없었지만 또 매일 조금씩 다른 일상을 뚜벅뚜벅 걸었다. 모험과 일상이 사이좋게 공존했다. 미소 짓는 날들이 많아졌다. 완전히 홀로 선 나, 타인의 섣부른 시선이 닿지 않는 나로 사는 것이야말로 내가 받아들일 수 있는 일상의 대전제였다.

　　그렇게 새로운 세상을 만나고 돌아왔다. 내가 원하는 대로 살겠다고, 사는 대로 생각하지 않고 생각하는 대로 살겠다고 다짐했다. 그런데 어느 순간 나는 제도의 한가운데로 들어와 있었다. 어쩌다 보니 아빠의 손을 잡고 결혼식장에 들어서고 있었고, 산부인과에서 무통 주사를 맞고 있었다. 정신을 차려보니 한 손에는 아이의 기저귀가, 다른 한 손에 익지 않은 살림살이가 들려 있었다. 바닥에는 그가 벗어놓은 양말짝이 나뒹굴었다. 문득 두려워졌다. 아직 해보고 싶은 일이 너무 많은데, 삶의 커다란 철문이 덜커덩 닫혀버린 듯 망연자실했다.

　　　한국에서의 삶은 여전했다. 학생이라면 무릇 이래야 한다는 당위는 엄마라면 이래야 한다는 당위로 탈바꿈했다. 세상의 딸들은 때가 되면 엄마라는 옷으로 착착 갈아입고 자신을 쳐다보는 무수한 눈빛에 맞춰 움직여야 했다. '나는 네 삶에 대해 당연히 한마디 할 수 있다'라고 여기는 어른들의, 친구들의, 제도의, 사회 전체의 그 근거 없는 당당함에 진저리가 났다. 떠돌다 돌아왔으니 어서 빨리 뒤처진 만큼 따라잡으라는 그 눈빛들이 피로해지기 시작했다. 그 혼탁한 시선이 끼어든 일상에서 다시 벗어나고 싶어졌다.

　　　다시, 여행이 고팠다. 20대의 한 시절, 호주에서 새롭게 알게 된 삶의 모습과 나를 둘러싼 제도의 간극이 좁혀지지 않았다. 이대로는 안 된다는 생각이 강해졌다. 이미 알아버린 다른 삶을 간절히 다시 살고 싶어졌다. 그때 내가 더 긴 여행을 떠났더라면, 그때 다시 돌아오지 않았더라면, 마지막이라고 생각하고 한 번 더 여행을 떠났더라면… 그랬다면 나는 여전히 팔딱이고 있었을지도 몰랐다. 그 헛된 '만약'들이 머릿속을 뒤흔들었다. 내 손을 잡은 아이가 있었고, 그보다 더 이전에는 뜨거운 사랑이 있었지만, 그렇게 끝나버린 새로운 삶에 대한 아쉬움이 밤마다 나를 짓눌렀다. 그즈음 한 친구가 말했다.

"넌 안 그럴 줄 알았는데 그냥 남들처럼 나이에 맞춰 평범하게 사는 것 같아."

결국 이 길이었던가? 제 발로 되돌아온 이 자리가 내 화려했던 탈출의 결말인가? 못다 한 모험은 어쩌고, 어쩌자고 친구들 중 가장 먼저 결혼을 하고 아이를 낳았을까? 참다못해 갓 세 돌이 지난 아이를 데리고 이탈리아로 갔다. 새로운 일상이 아니라면 짧은 모험이라도 필요했다. 마침 내 생애 첫 번째 번역서를 마무리한 직후였다. (아이가 돌 무렵일 때부터 번역 공부를 시작했다.) 처음 들어온 번역료로 비행기표를 샀다.

역시 이국의 땅에서는 그동안 타인의 눈빛을 반사하는 데 써야 했던 에너지를 온전히 나를 들여다보는 데 쓸 수 있었다. 다시금 마음이 말랑말랑해졌고 매일 밤마다 토하듯 일기를 쓰며 머릿속의 엉킨 실타래를 풀기 시작했다. 아이와 함께 해야 하는 앞으로의 삶과 결혼이라는 제도 안에서 나는 어떤 모험을 할 수 있을지 고민했다. 아이와 함께 하는 여행은 혼자였을 때보다 더 깊은 성찰을 가능하게 했다. 아이는 아무것도 모른다는 천진한 표정으로 내가 충분히 들여다보았다고 생각했던 나를 몇 겹씩 벗겨내어 더 깊이 들여다보게 만들었다. 그럴수록 나라는 인간에 대해 더욱 제대로 알게 되었고, 내가 진정 원하는 삶이 무엇인지 구체적으로 그려졌다. 내가 선택한 결혼이었지만, 그것으로 인해 내가 원했던 또 다른 삶 역시 놓치고 싶지 않았다. 아이는 서울에서든 로마에서든 장소에 상관없이 빛났다. 된장국을 먹든 스파게티를 먹든 순간을 즐기며 알차게 시간을 보냈다. 아이한테는 내 고민을 물려주고 싶지 않았다. 그러기 위해서는 나를 옭아매는 자리에서 빠져나와야 했다.

그래서, 다시 떠날 수밖에 없었다. 이번에는 우붓으로. 여행이 아닌 삶을 꿈꾸며. 다시 단단한 일상의 감각을 되찾기 위해.

나만의 책상을 찾아서

게스트하우스에서 두 밤을 묵고 숙소를 옮기는 날이었다. 가격으로나 아늑한 분위기로나 여러모로 손색없는 숙소였지만, 하노만 로드의 게스트하우스에는 내게 꼭 필요했던 한 가지가 없었다. '그것'을 위해 나는 조금 더 넓고 좋은 곳으로 숙소를 옮겼다.

문을 열고 들어선 방은 널찍했다. 문 바로 왼쪽의 디귿자로 파인 공간에 싱글 침대보다 더 큰 나무 소파가 딱 들어차 있었다. 나가기 전에 피곤할까 봐 한 번 누웠다 가라는 뜻인가? 아니면 들어와서 신발도 벗지 말고 우선 여기에 누워 쉬라는 의미인가? 오른쪽에는 나무로 짠 옷장과 욕실 밖으로 튀어나온 세면대가 문 하나를 사이에 두고 마주 보고 있었다. (우붓의 호텔이나 집에는 샤워기와 욕조, 변기는 화장실 안에 있고 세면대는 문밖에 있는 경우가 많다.)

그 문을 열고 들어가면 광활한 화장실이 나왔다. 욕조 옆 커다란 창밖은 오리들이 꽥꽥거리는 푸르른 논이다. 하지만 숙소 직원들이 언제 지나갈지 모르는 동선이므로 반신욕을 즐기고 싶다면 블라인드는 반드시 내려야 한다. 한낮의 볕이 쨍하게 쳐들어오는 걸 보며 그 앞에 빨래를 넣어놓으면 바짝 마르겠다고 생각했다.

화장실 구경을 마치고 나오자 안쪽으로 캐노피가 드리워진 임금님 사이즈 침대가 보였다. 통나무를 깎아 만든 책상도 스탠드를 거느리고 한 자리를 차지하고 있었다. 통유리로 만들어진, 창처럼 보이는 문을 열고 나가면 오리들하고만 공유하는 나만의 발코니였다. 세련미보다 나은 투박미였다. 낡았지만 공들여 관리한 손길이 방 곳곳에서 느껴졌다.

게스트하우스를 떠나 오늘부터 지낼 새 방이 마음에 들었다. 혼자 지내기에 넉넉한, 아니 딱 좋은 방. 남편에겐 이런 방에 묵은 걸 비밀로 했다. 겉으로는 저렴한 배낭여행자인 척하더니 혼자 놀러 가서 그렇게 큰 방에 묵었다고 뭐라 할지도 몰랐으니까. 지금껏 살면서 거의 처음으로, 그것도 딱 일주일 동안 모든 것을 다 내려놓고 떠난 여행이었지만 그런 방에 묵는 사치에 마음이 퍽 무거웠다. 한 번쯤 그러기 위해 돈 버는 게 아닌가 생각해도 왠지 뒤통수가 간지러웠다. 하지만 나부터 나를 잘 대접해야 내가 행복하고 그 행복을 가족에게도 전해줄 수 있는 거잖아! 모두를 위해서 나는 돈을 (조금 더) 쓴 것뿐이라고! 아휴, 그래 봤자 5만 원이다! 자신을 잘 돌봐야 한다고 생각하지만 나를 위해 돈을 쓰는 순간에 훅 들어오는 고민은 아직도 힘들다.

혼자만의 여행을 떠난 내게 꼭 필요했던 '그것'은 바로 멋진 책상이었다. 화장대와 선반을 겸하는 책상 말고, 짐만 올려놓게 되는 텔레비전 아래의 책상 말고, 진짜 책상다운 책상을 탐했다. 중학교에 올라가던 때, 우리 집에 책상만 한 방이 생겼다. 조그만 한옥 마당에 아빠는 시간이 날 때마다 흙을 나르고 벽돌을 쌓으셨다. 넓던 화단은 벽에 바짝 붙도록 작아졌고 흙을 쌓아 다진 마당은 입식 마루와 연결된 거실이 되었다. 비었던 공간에 입식 싱크대가 들어섰고 수세식 변기와 욕조를 갖춘 화장실도 아빠의 손으로 하나씩 자리를 잡아갔다. 책상 하나가 딱 들어가는 자투리 공간은 책상 방이 되었다. 맏딸이었던 내가 그 방을 차지하면서 나는 세 자매가 함께 쓰던 방에서 벗어났다. 집에서 혼자 있을 수 있는 곳은 그 책상 방뿐이었다. 그곳에서 답답한 줄도 모르고 공부를 하고 친구들에게 편지를 쓰고 공상을 했다.

그때부터였는지도 모른다. 책상이 내 삶에 커다란 의미를 갖게 된 것은. 책상은 아무도 침범할 수 없는 나만의 공간이었다. 결혼을 하면서도 당연히, 남편과 함께 쓰는 책상이 아니라 나만의 책상을 원했다. 좁은 집에 굳이 두 개의 책상을

들여 신혼집을 사무실처럼 꾸렸고 시댁에 들어가 살 때도 침대와 옷장만으로도 꽉 찬 방구석에 기어이 책상을 들여놓았다. 책상이 없으면 삶이 공허했다. 투명인간처럼 있을 곳이 없다 느꼈다. 책상에 앉아야 '내가 사는 곳이 여기구나' 하고 마음이 놓였다.

　　시댁에서 나와 새집으로 이사를 가게 되자 큰맘 먹고 새 책상부터 샀다. 가로 180센티미터나 되는 빨간 상판의 커다란 책상을 들여 나만의 작업실을 만들었다. 그 공간이 너무 좋아 할 일이 없어도 반들반들한 표면을 쓰다듬으며 앉아 있곤 했다. 그 책상에서 내 이름이 박힌 첫 책을 번역했다. 책상은 나를 돌보는 공간이었고 꿈을 찾는 공간이었으며 결국 나를 사용하는 공간도 되었다. 아이를 낳고 난 뒤에도 끝내 포기하지 못했던 번역가로서의 꿈도 그 책상에 앉아서 보낸 시간들로 이뤄냈다.

　　소설가 이순원은 한 인터뷰에서 이렇게 말했다. "여자는 결혼하면서 장롱, 냉장고, 세탁기 등 많은 것을 준비해요. 그런데 정작 책상은 생각을 안 하죠. 식탁이나 화장대에 앉아 책을 볼 수도 있겠지만 책상이라는 것은 자아의 성역이라고 생각해요. 그런 점에서 누구에게나 책상은 중요하죠." 부엌 식탁에서도 책을 읽고 공부할 수 있지만 엄마에게도, 결혼한 여자에게도 자기만의 공간은 필요하다.

하지만 결혼한 여자의 독립된 작업실, 혹은 서재라는 개념 자체가 우리 사회에는 없었다. 아빠의 서재는 누구에게나 익숙하지만 '엄마의 서재'라는 말에는 많은 이들이 고개를 갸우뚱한다. 건축 칼럼니스트 서윤영도《결혼 전 물어야 할 한 가지》라는 책의 한 꼭지에서 이렇게 말했다.

> 결혼 후 몇 번 이사를 다니다 보면, 우리 사회에서 여성의 서재, 아내의 서재가 어떤 의미를 갖는가를 이렇게 온몸으로 깨닫게 된다. 그것은 아예 존재하지조차 않는 방이었다. (중략) 독립된 자신만의 서재가 필요하지 않고 오히려 남편과 함께 쓰는 공동의 서재에서 더 큰 기쁨을 느낄 수도 있지만, 그것이 불가능한 사람도 있었다. (중략) 결혼을 했다고 해서 나에게 딸린 모든 것을 그에게 딸린 것과 결혼시켜야 하는 것은 아니다. 오히려 결혼시킬 것은 시키되 이혼시킬 것은 철저히 이혼시켜야 함을 짧은 인생 경험을 통해 배웠다.
>
> _《결혼 전 물어야 할 한 가지》(서윤영 외 지음, 샨티, 2011) 중

투박한 나뭇결이 그대로 드러나는 숙소의 책상에 앉

아 통유리 문 너머의 논을 바라보았다. 오리 떼는 지치지도 않고 꽥꽥거렸다. 밖은 다소 소란스러웠지만 내 곁에는 나를 찾아대는 아이도, 말을 거는 남편도 없었다. 오롯이 나는 혼자였다. 나만의 세상으로 들어가는 문이자 내 삶의 가능성을 염탐하는 자리에서 나는 뿌듯한 안정감을 느끼며 한없이 마음이 차분해졌다.

돗자리를 펍시다

혼자 처음 떠나는 여행이었기에 큰 욕심은 부리지 않고 짐을 꾸렸다. 친구들과 춤추고 수영하고 읽고 싶은 책을 읽고 글을 쓰며 시간을 보내기로 했다. 종일 침대에 누워 뒹굴어도 좋고, 저 멀리 논 위로 떨어질 듯 떨어지지 않는 해를 바라봐도 좋고, 카페에 앉아 식어가는 커피를 앞에 놓고 사람들을 구경하는 것도 좋겠다고 생각했다. 그래서 과감히 요가는 안 하기로 했는데… 쫄쫄이 바지를 입고 요가 매트를 메고 다니는 언니들을 보니 요가가 하고 싶어졌다.

하지만 트렁크를 아무리 뒤져봐도 도저히 입고서 요가를 할 만한 옷이 없었다. 문제는 그렇게 한 번 꽂히는 일이 생기면 결국 하게 될 때까지 정신을 못 차리는 게 내 성미라는 것. 이제 나는 요가를 하지 않으면 누가 총이라도 들고 쫓아올 듯 마음이 급해져 있었다. 그렇다면 방법은 하나뿐이다. 빨리 가게에 가서 요가복을 사야 한다. 수업 시간표도 확인하고 늦지 않게 가야 한다. 이걸 하지 않으면 오늘은 종일 안절부절못할 것이다. 그럴 때는 책상이 선사하는 안정감도 소용없다.

결국, 아침을 먹자마자 오토바이를 부릉부릉 요란하게 몰고 요가복을 사러 갔다. 가게에 도착해 쫄쫄이 바지를 들고 가격표를 보니 한숨이 나왔다. 트렁크 부피를 차지하는 물건도 아니니 혹시나 하는 마음으로 챙겨왔으면 됐을걸. 아! 우붓의 물가가 원망스럽다. 특히 요가 관련 용품은 눈이 돌아가게 비싸다. 이 돈을 주고 쫄쫄이 바지를 사서 요가를 할 것이냐, 이 돈을 아끼기 위해 요가를 포기할 것이냐. 생각할 시간을 벌기 위해 우선 쫄쫄이 바지를 고이 내려놓은 뒤 오토바이를 타고 몽키 포레스트 로드와 하노만 로드를 뺑뺑 돌았다. 그랬는데도 포기가 되지 않았다. 결국 다시 가게로 돌아와 눈 딱 감고 쫄쫄이 바지를 샀다. 재판정을 나서며 "그래도 지구는 돈다"라고 혼잣말했던 갈릴레오처럼 나도 터덜터덜 가게를 나서며 혼잣말을 했다.

"그래도 요가는 한다, 아싸!"

새로 산 쫄쫄이 바지를 입고 요가 반Yoga Barn 골목으로 들어섰다. 요가 반은 우붓에서 가장 먼저 전 세계 요기들을 끌어모으기 시작한 전통 있는 요가원이다. 골목을 따라 들어가면 초록으로 둘러싸인 카페가 있고 이어진 계단 아래 툭 트인 넓은 마당을 앞두고 웅장한 건물이 우뚝 서 있다. 그새 새 건물이 들어섰고 카페도 넓어졌구나. 내가 가장 좋아했던 에카

선생님의 수업을 듣기로 했다. 빈 교실 한가운데에 요가 매트를 펴고 누웠다. 가만히 누워 있는 나를 창문 넘어 들어온 바람이 부드럽게 어루만져주었다. 바람의 손길을 느끼는 동안 어느새 교실이 사람들로 가득 차 내 앞뒤로, 옆으로 매트가 촘촘히 놓여 있었다.

이윽고 에카 선생님이 들어왔다. 여전히 그대로구나. 맨날 입고 다니던 흰 반바지도 그대로다. 그대로이길 바랐고 역시 그대로이니 감사한 마음이 들었다. 그 자리를 지키는 것들과 변치 않는 사람들에 대해 생각했다. 나는 늘 떠나고 싶으면서, 돌아오면 그 자리와 그 사람들이 그대로이길 빈다. 그리고 그대로인 것에 감사한다. 한때는 방황하는 딸이었던 나도 곧 자리를 지키는 엄마가 되겠지. 방황의 총량을 채우면 결국 어딘가에 자리를 잡고 방황하다 돌아온 딸을 맞이하겠지. 아니, 그보다는 "엄마! 지금은 또 도대체 어디야?"라는 질문을 받는 엄마가 되었으면 좋겠다.

"하이, 굿모닝. 웰컴 투 더 클래스. 저는 에카라고 합니다. 발리 사람이에요."

에카 선생님의 목소리만 들었을 뿐인데 오전의 흥분은 온데간데없이 사라지고 몸과 마음이 차분해졌다. 에카 선생님의 목소리는 무슨 말이든 고분고분 듣게 만드는 매력이 있다.

"요가 처음 하시는 분 있나요? 아니면 어깨나 손목 안 좋으신 분?"

간단한 확인이 끝나고 선생님을 따라 다 같이 눈을 감았다. 나는 멋진 목소리가 하라는 대로 정성스럽게 호흡하는, 말 잘 듣는 학생이 되었다. 그는 내가 자기 말대로 열심히 호흡하고 있다고 생각하겠지. 훗, 나는 당신의 목소리를 감상하고 있다!

"등을 펴고 똑바로 앉습니다. 눈을 감고, 천천히, 숨을 들이마시고 내쉽니다. 지금 우리는 온전히 자기만의 시간을 보내기 위해 여기 모였습니다. 방황하는 마음도 들여다보겠지만 몸과도 친밀한 시간을 보낼 것입니다. 옆 사람은 보지 않아도 좋아요. 자기만 느끼고 자기만 봅니다. 오늘도 나를 위해 고생해준 내 몸에게 감사의 마음을 전하고 남은 하루도 잘 도와달라고 부탁해봅시다."

에카 선생님의 평온한 목소리가 계속 이어졌다.

"호흡을 하다 보면 당연히 머리가 복잡해집니다. 여러 가지 생각이 왔다 가지요. 그저 가만히 바라봅니다. 지나가버린 생각을 붙잡을 필요는 없습니다. 그저 지나가게 내버려두세요. 사실 살다 보면 그렇게 중요한 생각은 별로 없습니다. 생각은 언제나 왔다 가니까요. 괜히 붙잡아 너무 심각하게 고민

할 필요 없어요. 우리는 너무 심각하게 살죠. 하지만 그럴 필요 없습니다. 잠시 그 심각함을 내려놓아도 좋습니다. 너무 진지하지 않아도 됩니다. 이 순간 숨을 들이쉬고 내쉬며 살아 있는 것. 그것이 삶이고 인생의 본질입니다. 인생은 저 멀리 우리 손에 닿지 않는 곳에 있는 게 아니라, 바로 지금 여기에 있습니다. 가만히 앉아 숨을 쉬고 있는 지금 이 순간이 바로 우리 삶이자 인생입니다."

에카 선생님은 너무 심각하게, 너무 진지하게 살지 말라고 그 좋은 목소리로 말씀하셨다. 그러면 안 들을 재간이 없다. 넷! 알겠습니다! 경례라도 하고 싶어진다.

'그래. 지금 여기 숨 쉬며 살아 있는 것이 바로 인생일 텐데 그동안 이마에 인상 쓰고 너무 심각하게 살았구나.'

삶은 원래 어려운 것이라고 생각했다. 원래 고통스럽고 원래 다들 이렇게 힘든 거라고, 온갖 풍파를 헤치고 나가야 그게 사는 거라고 여겼다. 하하 호호 웃음소리는 벽에 걸린 시계의 똑딱 소리처럼 나와 상관없는 소리 같았고, 언제나 행복에 겨운 듯 즐거운 표정을 짓고 있는 사람은 진짜 인생이 뭔지 모르는 이라고 단정짓던 적이 있었다. 생에 진지하게 임하지 않으면, 심각한 표정을 짓지 않으면 삶을 낭비하는 것이라고 여겼다.

그런데 인상을 팍 쓰고 갖은 장애물을 넘으며 삶이라는 트랙을 열심히 달리다 쓰러져 고개를 들어보니, 달리고 있던 트랙이 삶의 전부가 아니었다. 트랙 밖에도 삶은 있었다. 땀 흘리고 인상 쓰며 달리는 사람도 있었지만 트랙 밖에서 신나게 응원만 하는 사람도 있었고 아예 그늘에 돗자리를 펴놓고 바람을 즐기는 사람도 있었다. 꼭 땀 흘리며 달리는 것만 삶이 아니었다. 완주할 필요도 없었다. 달리다 힘들면 쉬고, 그래도 힘들면 아예 달리기를 포기해도, 삶은 바람과 빛, 내 곁에 함께 있는 사람들의 웃음과 더불어 지속되는 것이었다.

나는 결승선까지의 시간을 견디고 싶지 않았다. 다시 트랙으로 돌아가지 않기로 했다. 더 이상 얼굴을 찡그리고 땀 흘리고 싶지 않았다. 그저 돗자리에 앉아 햇살과 바람을 느끼며 순간을 즐기고 싶었다. 그동안 땀을 뻘뻘 흘리며 달리려고만 했던 내가 가여웠다. 나는 달리지 않으나 너희는 달리라고 가족의 등을 떠밀 필요도 없었다. 우리가 손잡고 가야 할 곳은 결승선이 아니라 돗자리였다. 결승선은 달리고 달려도 멀어지기만 할 테니까. 결승선이 안 보여도 돗자리에 앉으면 풀이 보이고 꽃이 보일 것이다. 그것으로 충분하다. 그렇게 웃는 것으로 충분하다. 삶은 소풍이라고 읊었던 시인도 있지 않았던가?

소풍을 가자고 내 손을 잡아끌던 것은 아이였다. 아이

는 늘 내게 웃으라 했다. 존재 자체로 웃음을 주었고 살아 있는 표정과 기발한 생각으로 나를 미소 짓게 만들었다. 종종 우울했던 내게 행복을 들이밀어주었다. 목표한 바를 향해 바짝 얼굴을 구기며 달리고 있을 적에는 지금 그렇게 웃을 때가 아니라며 아이를 밀어냈지만, 이제는 안다. 더 늦기 전에 그 행복을 받아들여야 한다는 것을. 아이 때문에 나의 달리기 속도가 느려졌다고 생각하던 때도 있었지만, 이제는 안다. 아이 덕분에 돗자리에 앉을 수 있게 되었다는 것을.

  그때 창문 너머로 한 줄기 바람이 들어왔다. 밖에선 새가 울었고 요가 반 근처에 있는 초등학교에서 아이들이 재잘거리는 소리가 들려왔다. 요가 매트는 그대로 돗자리가 되었다. 눈을 감고 그 순간을 누렸다.

외로움은 인생의 디폴트

오토바이를 빌렸더니 역시 좀처럼 걸을 일이 없었다. 숙소에서 가까운 요가 반까지는 슬렁슬렁 걷긴 했으나 좀 더 멀리 걷고 싶었다. 저녁을 먹은 후 마음잡고 우붓 산책에 나섰다. '몽키 포레스트 입구부터 우붓 왕궁이 있는 우붓대로까지 올라갔다가 아기자기한 가게들이 있는 고타마 로드로 들어가 눈 호강을 하고 다시 하노만 로드로 빠져나오는 코스로 크게 한 바퀴 돌아보자!' (사실은 쇼핑이 하고 싶었다. 오토바이의 안 좋은 점 딱 하나. 지나가면서 '어, 저 가게 들어가보고 싶다' 생각하는 순간에도 바퀴는 부지런히 굴러간다.)

벌써 어둠이 내리고 있으니 가게들은 곧 문을 닫으리라. 부지런히 걸어야 했다. 몽키 포레스트 입구는 이미 너무 어두워져 잠 없는 원숭이 떼의 습격이 위험했다. 그 길은 포기하고 코코 마트를 지나 하노만 로드로 방향을 잡았다. 하노만 로드를 따라 북쪽으로 올라가면 몽키 포레스트 로드와 이어지는 데위시타 로드가 나온다. 데위시타 로드로 들어서서 조금 더 걷다 보면 다시 고타마 로드다.

최근 몇 년 사이 우붓에서 핫한 장소로 떠오르고 있는 고타마 로드는 하노만 로드와 달리 늦은 시간에도 여전히 시끌벅적 화려했다. 밤이 갑자기 낮으로 변한 듯 거리도 환했다. 고타마 로드의 끝은 우붓대로였다. 그쯤 걸으니 걷고 싶어 했던 몸이 이제 춤을 추고 싶어 했다. 밤이 되었으니 오늘의 아지트도 준비를 마쳤을 시간. 가방 속에 담아온 구두를 더듬으며 가나 레스토랑 Gana Restaurant 으로 향했다.

레스토랑은 벌써 라이브 밴드가 연주하는 흥겨운 라틴 음악으로 출렁이고 있었다. 나는 이미 춤을 추고 있던 친구들과 반갑게 인사를 하고 앤의 옆에 앉았다. 호주에서 온 앤은 초등학교 교사로 일하다 은퇴한 나의 우붓 친구다.

"어떻게 지냈어?"

오랜만에 만난 앤에게 내가 물었다.

"바빴어. 어쩌다 강아지 한 마리를 잠시 돌보게 돼서 통 나갈 수가 있어야지. 너무 귀여워. 마침 오늘 밤만 친구에게 맡겨서 시간이 났지 뭐야."

"바구스는 어때? 잘 지내?"

앤은 남편과 헤어진 뒤 행복을 찾아 발리로 온 지 벌써 5년이 넘었다. 발리 사람 바구스는 그녀의 남자 친구다.

"응. 잘 지내기는 하는데, 요즘은 뭐랄까. 좀 힘들어. 꼭 투덜이 스머프 같거든. 식당 일을 도와줘도 투덜, 안 도와줘도 투덜. 늘 그랬지만 좋을 때도 있고 안 좋을 때도 있는 거지 뭐. 발리 남자잖아. 요즘은 내 인생이 얼마 남지 않았다는 생각을 자주 해. 그래서 더 행복하고 싶어. 얼마 안 남았는데 불행할 시간이 어딨어. 안 그래? 넌 어떻게 지내? 새로운 곳에서의 생활은 어때? 남편은 잘 있고? 거기서도 여기서만큼 행복한지 궁금해."

"나도 잘 모르겠어. 지금 내 삶이 행복한 건지 아닌지. 춤을 추지 않고는 못 살 것 같다고 생각했는데 살다 보니 또 살아지더라고. 그냥 사는 것 같아. 즐거움도 의욕도 여기 있을 때만큼은 없어."

행복을 찾아 제 나라를 떠나 발리에서 만난 우리는 다 이해한다는 표정으로 손을 맞잡았다. 앤이 대화를 이어나갔다.

"호주에 있는 남편은 여전히 알코올중독으로 힘들어해. 처음 헤어졌을 때보다는 많이 나아졌지만 아직도 그런 상황이야. 아이들이 잘 챙겨서 다행이지."

그녀의 말에는 안타까움이 묻어났지만 자로 잰 듯 깔끔한 거리감도 느껴졌다. 한국 여성들이라면 그런 상황에서 아마 죄책감을 가장 많이 느낄 것이다. 헤어졌기 때문에 술에 의존했든, 술에 의존했기 때문에 헤어졌든, 알코올중독인 남편을 내버려두고 자신의 행복을 찾아 떠나는 여성. 한국 사회에서는 존재하기 힘들다. 앤이 남편과 갈라선 이유는 남편과 함께 사는 것이 더 이상 행복하지 않아서였다. 결혼을 하고 오래 함께 살면서 아이들을 낳고 키웠다 해도, 어느 순간 갑자기든 서서히든 마음이 떠나면 미련 없이 서로의 행복을 찾아 다른 길을 선택할 수 있는 것. 한국 사회에서는 역시 쉽지 않은 일이다. 주변인들의 손가락질은 당연할 것이고 스스로도 사회가 심어놓은 내면화된 죄책감에서 빠져나오지 못할 것이므로. 남편 역시 버려졌다는 비참함을 떨치기 힘들 테고.

물론 앤은 그런 그가 안쓰러울 것이고 남편은 그녀에게 서운한 마음이 없지 않겠지만 주변 사람들이, 자녀들이, 사회가 앤의 선택을 바라보는 관점은 일관된다. 자신의 삶은 자신이 스스로 꾸려가고 개척하는 것이라는 시선. 독립된 개인의 선택은 존중받아야 한다는 생각. 결혼 제도 안에서도 굳건히 존재하는 나와 너의 분리. 함께 있을 때 행복하면 함께 있되 그렇지 않으면 다른 이유를 끌어들여 결혼을 지속하지 않아도 된다는 공통의 인식. (물론 여성의 경제적 능력이나 탄탄한 사회보장제도 등이 전제되어야 하겠지만) 결혼이 어떤 이유로든 개인의 행복을 제한한다면 결혼에 대한 새로운 서사가, 새로운 결혼을 그려볼 수 있는 상상력이 우리에게도 필요할지 모르겠다. 앤이

다시 말을 이었다.

"요즘은 다시 호주로 돌아가고 싶기도 해. 여기 있는 동안 대부분 혼자거든. 친구들도 많이 자기 나라로 돌아갔고. 그래서 바구스와의 관계도 힘들지만 정리를 못하는 것 같아. 게다가 멜버른과 시드니에 흩어져 살던 아이들이 다시 고향으로 돌아온대. 그러니까 더 집에 가고 싶어져. 아이들도 자주 만날 수 있고 곧 손자들도 볼 수 있을 테니까."

"그렇겠네. 내가 다음에 우붓에 올 때는 네가 없을 수도 있겠구나. 그럼 내가 호주로 갈게."

"그래, 꼭 와! 정말 아름다운 곳이거든."

내가 가끔 간절히 바라는 것을 그녀는 떨쳐버리고 싶어 했다. 아이들을 다 키워놓고 더 이상 사랑하지 않는 남편과 헤어진 뒤 새로운 남자 친구를 사귀고 있지만, 여전히 외롭다고 했다. 그렇다고 해도 그녀에게 그냥 참지, 이렇게 외로울 것을 왜 헤어졌냐고 물어서는 안 된다. 고독을 감당하는 것도 결국 개인의 선택이므로. 외롭지 않기 위해 어쩔 수 없이 결혼을 유지해야 할 이유는 없다. 함께 살기 싫은 것은 싫은 것이고 외로운 것은 외로운 것이므로. 그녀가 아무리 외로움 때문에 아내가 있는 발리 남자를 애인으로 두고 있다고 해도 "남편과 헤어지지 말지 그랬어!"라고 말할 권리는 누구에게도 없다. 어떤 선택을 하건 인간에게 외로움은 삶의 디폴트 값이므로. 선택은 불가피했고 선택 이후의 상황은 또 거기에서부터 헤쳐나가면 될 테니까.

나는 더 이상 말을 잇지 않고 혼자라서 외롭다는 그녀의 손을 그저 다시 꼭 쥐었다.

우리 인생이 춤과 같다면

"안녕, 아리! 웰컴 백!"

우붓 스튜디오에서 키좀바 수업이 있는 날이었다. 나의 키좀바 선생님, 데와가 날 반겼다.

"그동안 잘 지냈어?"

그는 숨도 쉬지 않고 내처 물었다.

"어때? 사람들에게 키좀바는 가르치기 시작했어? 내가 너한테 가르쳐준 그 수많은 테크닉을 전부 썩힐 셈이야?"

나는 허탈하게 웃으며 장난스럽게 그를 밀쳤다.

춤에도 유행이 있다. 한동안 발리에서는 흔히 라틴 댄스라고 불리는 살사와 바차타가 대세였다면 이제는 어딜 가나 키좀바다. 그리고 데와는 발리 최고의 키좀바 선생님이다. 그리고 나는 그에게 모든 테크닉을 전수받았다.

"빨리 가르치기 시작해야지. 크게 할 생각 말고 한두 명이라도 시작하는 게 중요한 거야. 그래야 나랑 워크숍도 하고 댄스 홀리데이도 만들어서 발리에 오고 하지! 도대체 언제 시작할 거야?"

"그래, 그래야지. 나도 알아. 해야지. 더 까먹기 전에."

내가 키좀바를 얼마나 열심히 배웠는데! 새로운 인생을 살아보고 싶어서! 몸치에서 댄스 티처로 거듭나 많은 이들에게 영감을 줄 거라고! 아니, 그런 건 다 됐고 계속 춤추며 살고 싶다고! 그러니까 당연히 해야지. 조금만 기다려 봐. 할 거야. 한다고. 그렇게 수없이 다짐했지만, 또 수없이 의심했다. 과연… 할 수 있을까?

키좀바는 아프리카 앙골라에서 기원한 춤이다. 라틴아메리카에 뿌리를 둔 살사와 바차타에 아프리카에서 온 키좀바가 더해져 이 셋을 '아프로Afro 라틴 댄스'라고 묶어 부르기도 한다. 살사가 화려한 손동작과 현란한 턴으로 추는 춤이라면, 바차타는 엉덩이로 추는 춤 같았고, 키좀바는 길고 날씬한 다리로 추는 춤 같았다. 키좀바가 무대에서 내려와 자유로워진 탱고 같다는 이들도 있다. 어쨌든 아프로 라틴 댄스를 제대로 배우려면 그중 한 가지를 골라야 했고 나는 키좀바를 골랐다. 그렇다고 나의 신체 조건이 키좀바를 추기에 딱이라서 그걸 골랐다는 뜻은 물론 아니다. 상대와의 호흡이 가장 중요한 춤이라는 사실이 마음에 들었다. 테크닉보다 감각을 중요시한달까.

"자, 오늘 수업 시작합니다!"

데와의 신호에 따라 사람들이 자리에서 하나둘 일어

나 모였다. 두 명씩 짝이 지어졌고 데와 혼자 남았다.

"아리, 놀지 말고 이리 와서 나 좀 도와줘. 자, 여러분! 오늘은 한국에서 수입해온 댄스 티처 아리가 저를 도와줄 겁니다."

'그 정도쯤이야' 하는 마음 반, 부끄러운 마음 반이 뒤섞여 쭈뼛쭈뼛 그의 앞에 가서 섰다. 왼손을 그의 날개뼈에 대고 오른손으로 그의 손을 맞잡았다. 어깨에 힘을 빼 최대한 내리고 척추를 곧게 폈다. 그리고 눈을 감았다. 무거운 베이스가 단단하게 중심을 잡아주는 음악과 함께 그가 움직이기 시작했다.

모든 감각이 되살아났다. 눈을 감고 그가 이끄는 대로 음악에 몸을 맡겼다. 내가 사랑했던 순간, 그토록 그리워했던 순간들이 그대로 다시 펼쳐졌다. 솜사탕처럼 가벼운 발끝이 매끈한 마룻바닥을 누볐고, 마음은 둥실 떠올라 하늘에 가닿았다. 그래, 나는 이 순간이 그리워 우붓에 돌아오고 싶었다.

먹고, 마시고, 계란말이 하라!

혼자만의 여행이 하루밖에 남지 않았다. 나를 점심에 초대한 카노와 데위의 집을 찾았다. 카노는 짧은 영어와 엉뚱한 동작으로 사람들을 잘 웃기는 개구쟁이 일본 아저씨, 데위는 인도네시아 자바섬에서 온 아가씨로 두 사람은 발리에서 만나 얼마 전 결혼식을 올렸다. 대문을 열고 들어서니 고소한 참기름 냄새와 카레 냄새가 꽃향기와 은은하게 뒤섞여 있었다.

"거의 다 됐어. 조금만 기다려!"

카노가 상기된 표정으로 말했다. 불 위에서 샛노란 카레가 보글보글 끓고 있었고, 참기름에 무친 오이에서 고소한 향이 풍기는 통에 식사에 초대받은 사람들이 참지 못하고 너도나도 오이 무침을 집어먹고 손가락을 빨았다. 팬 위에서는 가지가 노릇노릇 구워지고 있었다.

"조금만 기다리라니까."

주방장 카노의 귀여운 역정에 모두 웃으며 좁은 거실에 엉덩이를 구기고 복닥복닥 앉았다.

누군가가 정성 들여 차려주는 밥은 몸도 따뜻하게 데

워주지만 마음에도 온기를 가져다준다. 내가 쉽게 베풀지 못하는 것을 선뜻 베푸는 사람들 때문에 어쩌면 지금까지 잘 먹고 잘 살았는지도 모르겠다. 엄마의 밥상, 친구들의 밥상, 가끔이었지만 남편의 밥상까지.

요리는 내게 정말 어려운 분야였다. 관심도 없었고 잘하고 싶은 욕심도 없었다. 하지만 한국 사회에서 요리를 싫어하는 기혼 여성은 하자 있는 제품이나 마찬가지였다. 어디 가서 함부로 말도 못했다. 해야 할 말은 정해져 있었다. '제가 한 요리를 가족들이 맛있게 먹는 모습에서 큰 행복을 느껴요'가 모범 답안이라면, 약간 점수는 깎이지만 그나마 괜찮은 답은 다음과 같다. '처음엔 못했지만 하다 보니 늘었고 재미도 붙었어요.'

내가 했던 대답은 빨간 펜으로 틀렸다는 표시가 확 그어지는 오답이었다. '결혼을 했어도 여전히 요리를 잘 못하고 관심도 없어요.' 낙제다. 그리고 안타깝게도 낙제생은 끝까지 재수강을 권유당한다. 못하는 게 아니라 정성이 없는 거라는 둥 뭐든 정성을 들여서 하면 결국 잘하게 되어 있다는 둥의 잔소리나 들으면서 말이다.

아무도 이렇게는 묻지 않는다. '왜 여자는 요리를 싫어하면 안 돼?' 아무도 묻지 않으니 답을 찾을 곳도 없었다. 답을 찾았는지 여부와는 상관없이 당장 하기 싫은 건 싫은 거였다. 게다가 나는 싫은 건 또 절대 못하는 인간이었다. 잠시 시댁에 들어가 살 때는 그런 고민도 사치여서 그냥 내 일이라 여기며 꾸역꾸역 해치웠다. 틈틈이 여행을 갈 때마다 가장 기뻤던 것은 공식적으로 세 끼를 사 먹어도 된다는 사실이었다.

처음 우붓에 정착했을 무렵, 아이는 다양한 음식을 골고루 잘 먹으며 그야말로 무럭무럭 커야 할 때였다. 물론 나는 나름대로 최선을 다했다. 하지만 종종 이런 말을 듣곤 했다.

"아리, 지금이니까 하는 말인데 초창기에 아리 집에 갔다가 예니랑 둘이서 김치랑 김이랑 멸치, 계란에 밥 먹는 모습이… 뭐랄까, 안타까웠어요."

'뭐라고? 김치랑 김, 멸치에 계란 정도면 진수성찬 아닌가?'

그러면 옆에서 또 다른 친구가 거들었다.

"아리, 전라도 출신이라고 하지 않았어요? 전라도 여자치고 아리만큼 요리에 관심 없고 못하는 사람은 처음 봤어요."

다행히 아이는 뭐든 복스럽게 잘 먹었다. 동네 아줌마들이 해준 요리를 염치도 없이 꿀떡꿀떡 잘도 받아먹었다. 그러고는 부쩍부쩍 컸다. 이 기회를 빌려 그때의 이웃들에게 감사의 말을 전하고 싶다. 그들의 넉넉한 정이 있었기에 나는 김치와 멸

치, 계란과 김으로도 아이의 폭풍 성장 시기를 버틸 수 있었다.

"자, 이제 하나만 더 하면 돼!"

카노가 말했다.

"뭔데?"

"타마고야키!" (말하자면 계란말이!)

"와! 내가 가장 좋아하는 거야!"

아궁이 말했다.

"뭐라고? 가장 좋아하는 음식이 계란말이라고?"

내가 깜짝 놀라 물었다. 이틀 전, 나에게 점심을 대접하며 아궁이 했던 말이 체한 듯 가슴에 얹혀 있던 차였다.

"아리! 한국 음식은 언제 해줄 거야! 다음에 오면 한국 음식 해주는 거다!"

오 마이 갓, 큰일이다. 머릿속에 비상벨이 울렸다!

"음, 그, 그래. 다음에 오면 해줄게."

하긴, 그동안 우붓의 친구들에게 참 많이도 얻어먹고 해준 건 없었다. 마음이든 선물이든 받으면 정성스레 보답하는 것이 자연스러운 태도라고 생각했고 또 그렇게 해왔는데, 유독 밥을 얻어먹고 나서는 그런 생각을 못했다. 식당에서 "내가 쏠게"라는 말은 잘했지만 "언제 한번 집에 초대할게"는 내게 너무 어려운 미션이었다. 어른이 되어서 친구들에게 대접할 멋진 레시피 한둘 정도도 없다는 자책감에 휩싸였다. 레시피야 인터넷만 찾아보면 다 나온다지만 레시피대로 한다고 맛있는 요리가 만들어지나? 어쩐다, 큰일이다.

"계란말이 진짜 쉬워! 나한테 말하지 그랬어!"라고 아궁에게 큰소리치고 싶었지만 카노를 보니 계란도 그냥 마는 게 아니었다. 계란말이용 육수도 따로 있었다. 카노는 육수에 계란을 푼 다음 소금 간을 하고 보기에도 팔이 아플 정도로 잘 섞었다. 그러고 나서 체에 거르기까지 한 뒤, 커다란 등을 말고 구부정하게 서서 정성스럽게 계란을 말았다. 정성 요법이 정말 맛에 효과가 있는 것인가?

나도 계란말이 정도는 할 수 있었지만, 성질이 급해 대충 섞은 계란은 흰자와 노른자가 따로 놀고 표면은 울퉁불퉁, 소금도 늘 깜박해 맛은 밍밍하기 짝이 없었다. 당근이나 파, 김 같은 재료도 당연히 생략. 결국 볼품없고 맛도 없는 계란말이가 나올 수밖에. 제대로 말지도 못해 칼로 썰다 다 풀려버려서 케첩으로 겨우 목숨을 부지하는 나의 계란말이는 얼마나 초라한가. 계란말이 생각으로 전전긍긍하는 동안 상이 다 차려졌다.

"자, 먹자!"

에라, 모르겠다. 계란말이 걱정은 나중에 하고 우선 먹자! 입에 한가득 음식을 넣고도 우리의 수다와 웃음은 끊이지 않았다. 함께 밥을 먹고 수다를 떨고 술잔을 기울이고 춤을 추던 친구들이 그대로 있어서 다행이다. 그래서 나는 아직 못 가본 곳도 많으면서 다시 이렇게 우붓을 찾을 수밖에 없었다. 휴가의 끝자락에서 엉뚱하게 계란말이 연습을 다짐하게 될 줄은 몰랐지만! 나는 안타까운 마음으로 이 황금 같은 휴가가 몇 시간이나 남았는지 셈하면서 부른 배를 통통 두드렸다.

PART 2

다른 곳,
다른 삶

2013년 봄 ~ 2014년 가을

어떤 대화 1

이렇게는 더 못 살겠어. 일을 좀 줄일 순 없어?
딸 얼굴 본 게 언제인지 기억은 나? 늘 애가 자고 난
후에 들어오고 아침에 어린이집 갈 때는 당신이 자고
있잖아. 심지어 주말에는 더 바쁘고. 당신도 그렇게
일하는 거 힘들다며. 우리 조금씩 하면서 살자.

    조금씩으로는 이 바닥에서 살아남을 수가 없어.
    어떻게 구한 일인데 그래. 다 가족을 위해서잖아.

딸이 아빠랑 밥 한 끼 못 먹는 생활이 정말 가족을
위한 생활일까? 돈만 있으면, 먹고살 걱정만 없으면
가정은 그냥 굴러가는 걸까?

    우리가 가진 게 뭐가 있냐? 하나도 없잖아. 아이는
    계속 크고 돈 들어갈 데는 많을 텐데 지금 벌어야지.
    지금 자리 못 잡으면 더 힘들어져. 다행히 학원 일도

　　　　재미있고 나한테 맞는 것 같아. 이 세상에 내가 필요한
　　　　만큼만 벌고 쉴 수 있는 일은 없어.

남들이 다 그렇게 일한다고 우리도 반드시 그렇게
해야 하는 건 아니잖아. 분명 다른 방법이 있을 거야.
아무래도 이렇게 사는 건 아닌 것 같아.

　　　　그래, 이 생활에 답이 안 보이긴 해. 이렇게 살다가
　　　　쓰러질 것 같기도 하고. 나도 힘들어. 하지만 별다른
　　　　답이 없잖아.

그러니까 답을 찾아보자. 돈만 보면서 살지는 말자.
적게 벌고 적게 쓰더라도 가족이 함께 하는 삶을
살고 싶어. 조금 부족하게 살아도 좋으니 하고 싶은 거
하면서 살자. 자기도 꿈이 있었잖아. 늘 음악 하고 싶어
했잖아. 돈은 좀 없더라도 여유 있게 딸 얼굴도 보면서
살자. 당신 꿈도, 내 꿈도 포기하지 말고.

　　　　꿈? 지금 이 나이에 꿈 타령을 어떻게 해. 음악으로
　　　　어떻게 먹고살아? 혼자면 몰라. 하지만 가족이

있잖아. 난 가장이잖아. 너는 왜 그렇게 철이 없니?

가족이 있어도, 가장이어도 난 할 수 있을 것 같아.
그렇게 사는 사람도 많아. 우리도 할 수 있다고. 아직
젊잖아. 원했던 대로, 원하는 대로, 마음만 먹으면 살
수 있을 거야. 살다 보면 지금은 상상하지 못하는 길이
보일 거라고.

정말 그게 가능할까? 그러면서도 아이도 키우고
먹고살 수 있을까?

응. 그럴 수 있어. 난 여기를 떠나고 싶어. 새로운
곳에서 살아보고 싶어. 그러니까 우리 다른 나라에서
살아보자. 아니면 세계 여행이라도 가자. 어디든
떠나자.

… 그래, 생각해보자.

어떤 대화 2

힘들어! 힘든데! 돈이 벌리니까 몸은 힘들어도 마음은 편해. 월급도 많이 올랐어. 아무래도 여기서 멈추는 건 너무 아까워. 아직은 아닌 것 같아. 사실 떠난 후의 계획이 하나도 없잖아. 어디서든 먹고살 방법을 못 찾아 다시 돌아오면 그때는 어떡해? 모아놓은 돈도 없이 빈털터리로 돌아와 아이 데리고 반지하 방으로 들어갈 수도 없잖아. 떠나서 뭘 할지, 어떻게 먹고살지, 조금 더 생각할 시간이 필요해.

그러니까 더 나이 들기 전에 해보자는 거야.
한 살이라도 젊을 때. 자기 일은 어디서든 할 수 있잖아.
지금 여기서만큼은 못 벌겠지만 먹고살 수는 있을
거라고. 자기 에너지면 못할 게 없어. 시작하기
전이니까 두려운 거야. 막상 해보면 괜찮을 거고.
아이가 더 자라기 전에 가족이 온전히 함께 할 수 있는
기회잖아. 더 커서 학교에 들어가면 그땐 더 움직이기

힘들걸.

　　　나는 영어도 못하잖아! 두려워.

배우면 되지. 금방 배울 수 있어! 자기는 말하는 것도
좋아하고 사람들 만나는 것도 좋아하니까 금방 배울
거야. 가려면 지금 가야 해. 아이가 초등학교 들어가기
전에. 아이가 학교에 적응하고 우리도 더 나이 먹으면
다른 곳으로 떠나기가 지금보다 힘들어질 테니까.

　　　그래, 그렇겠지. 나도 사실 이렇게 일만 하면서 살고
　　　싶지 않아. 돈만 많으면 여행 다니면서, 기타 치면서
　　　살고 싶어. 하지만 우린 돈이 없잖아. 가진 거 하나
　　　없이 시작했잖아. 겨우 이만큼 왔는데 여기서 어떻게
　　　멈춰. 그래서 지금은 안 돼.

왜 해보지도 않고 안 된다고 해. 그럼 언제쯤 준비가
될 것 같아?

　　　글쎄. 모르겠어.

어떤 대화 3

힘들다. 이렇게 딸 얼굴도 못 보고 일만 하다가 내 인생은 끝나는 걸까? 그래, 네 말대로 어쩌면 빨리 움직이는 게 나을 수도 있겠어. 가자. 나도 이제 여기서 벗어나고 싶어. 이왕 벗어나는 거 아예 새로운 일을 해보고 싶기도 해.

그래! 무슨 일이든 좋아! 게스트하우스도 잘할 수 있을 것 같다고 했잖아.

게스트하우스 좋지! 여행 가이드도 좋고!

그래! 우린 잃을 게 없으니 더 뛰어들 수 있어. 분명 더 열심히 할 거야. 바닥부터 시작해도, 그래도 괜찮다는 마음만 있으면, 정말 다 괜찮을 거야. 다 잘될 거야.

좋아. 게스트하우스를 하려면 어디가 좋을까?

찾아보자! 아이 학교도 찾아볼게!

그래, 더 늦기 전에 가자! 얼마나 준비하면 되지?

6개월 후, 어린이집 졸업과 동시에 떠나자!

그래. 그럼 그만둔다고 곧 학원에 이야기해야겠네.
어디서든 우리 세 가족 잘 살 수 있겠지?

그럼. 다 잘될 거야.

미안하지만, 나라도

한국을 벗어나기로 남편과 의견의 합일을 본 뒤로 어디가 좋을지 고민하다가, 언젠가 살아보고 싶다고 생각했던 우붓이 떠올랐다. 아이가 다닐, 그곳에 있는 자연 속 조그만 학교도 찾았다. 싱그러운 공간에서 자유롭게 뛰노는 아이들의 모습을 보니 가슴이 뛰었다. 내가 살고 싶었던 곳, 아이에게 어울릴 학교. 그 두 가지면 충분했다. 마음이 바뀌기 전에 얼른 학교에 돈부터 보냈다. 드디어 한 걸음 내딛었다는 생각에 뿌듯하고 행복했다.

하지만 그의 불안은 모험에 대한 내 욕망만큼 강했다. 나는 1년쯤 세계 여행을 다녀와도 먹고살 수 있을 거라고 자신했고, 여행 중에라도 혹시 마음에 드는 곳이 생기면 그곳에 자리를 잡아도 거기에서 충분히 새로운 삶을 꾸려갈 수 있다고 생각했다. 더 넓은 세상을 경험하면서 우리가 더 성장하리라는 믿음 때문이었다. 떠나기 전과 떠나고 난 후의 우리는 분명 다른 사람일 거라는 확신 때문이었다. 여행의 힘을 믿었다. 여행을 통해 나의 새로운 모습을 발견하고, 지금까지의 가치관을 뒤흔들고, 세상을 달리 바라보게 될 수 있다고 믿었다. 지금의 우리가 감히 상상하지 못하는 새로운 우리가 될 수 있다고 믿었다. 안락한 집과 넉넉한 통장 잔고는 없겠지만, 미래의 변화한 우리에게 지금의 고민은 아무것도 아닌 게 될 거라고 생각했다.

하지만 나의 그런 믿음이 그에게는 헛소리에 불과했다. 자신을 만나는 여행, 자신의 세계관을 뒤흔드는 여행을 해보지 못한 그에게 나의 말은 터무니없고 현실성 없고 대책 없는, 그저 철없는 소리일 뿐이었다. 그는 기분이 좋으면 "그래, 가자"라고 호기롭게 외쳤고, 며칠 후 정신을 차리면 말도 안 된다고 그 외침을 철회했다. 그 잦은 번복이, 나는 피로했다.

"아무래도 힘들겠다. 자신이 없어. 두렵고 불안해."
"…"

어느 가을 밤, 가족 모두가 공원을 산책할 때였다. 바람이 솔솔 불었고 아이는 아빠 손과 엄마 손을 번갈아 잡으며 종종 걸었다. 그때였다. 또다시 결심을 철회한 그에게, 내가 마지막 패를 던졌다.

"나라도 가야겠어. 자기가 안 간다면 나라도 당분간 떠났다가 돌아올게. 학비도 이미 보냈잖아. 2년 정도 아이 학교 보내고 올게."

둘 다 한동안 말이 없었다. 미안한 마음도 없지 않았지만, 이기적이라고 생각할 수도 있었겠지만, 나도 간절했다. 모험이 필요했다. 지금 이곳이 아닌 새로운 곳에서. 이국의 땅, 낯선 사람들, 새로운 사고방식… 무엇이든 '새' 것이 필요했다. 20대 시절, 워킹 홀리데이를 가서 경험했던 나다운 삶을 다시 살고 싶었다. 이미 알아버린 다른 삶에 대한 가능성을, 그렇게 살고 싶다는 미련을 버릴 수 없었다.

그렇게 추운 계절이 지나갔고 꽃피는 봄이 돌아왔다. 이별의 시간도 다가왔다. 그가 눈물을 보이기 전에 등을 돌렸다. 공항 엘리베이터 문이 천천히 닫혔다. 아이가 울었는지는 기억나지 않는다. 나는 울지 않았다. 이별의 안타까움보다 나라도 먼저 갈 수밖에 없다는 비장함이 더 컸다. 그가 마주할 상황이 안타까웠지만 우리가 없는 시간을 그가 알차게 보내길 기원했다. 사람 만나기를 좋아하고 사람들 틈에서 에너지를 얻고 타인의 시선으로 자신을 바라보는 그가 홀로 자신을 조금 더 들여다보면 좋겠다고 생각했다. 그 시간이 그에게 뭉근한 성찰의 기회가 되길 바랐다.

너는 분명,

2013년 4월 3일, 발리 덴파사르 공항.

다시 오고 싶다고 생각했고 결국 다시 왔다. 열대의 습한 공기가 비행기에서 건조해진 뺨에 훅 달라붙었다. 아무것도 모르는 아이의 손을 잡고 우붓으로 올라가는 차 안에서 내 몸의 모든 세포 하나하나가 차분하지만 단호하게 외쳤다.

'2년 후, 너는 분명 돌아가고 싶지 않을 거야.'

내 생각에 내가 놀라 기사님의 수다가 웅웅 귓가에서 멀어졌다.

숙소에 도착해 차에서 잠든 아이를 낯선 침대에 눕히고 뻥 뚫린 거실에 앉아 처음 보는 풀과 꽃의 실루엣을 바라보았다. 마침내 우붓의 품에 안겼다. 서울의 그도 감싸주고 있을까만 밤하늘을 바라보며 크게 숨을 들이마셨다.

새로운 시작이다.

이름에 대하여

우붓에서 맞는 첫 아침, 거실에 앉아 마당의 프랑지파니 나무에 매달린 새하얀 꽃을 감탄하며 바라봤다.

'예쁘다! 이 나무가 우리 집 마당에 있다니!'

그때 대문 옆 담 뒤로 고개가 하나 쑥 올라오더니 누가 내 이름을 불렀다.

"아리!"

화들짝 놀랐다. 누가 나를 그 이름으로 불러준 것은 처음이었다.

늘 내 이름이 별로였다. 적당히 흔했고 발음은 어려웠으며 뜻도 너무 평범했다. '임'이라는 성부터가 못생겼다. '현경'이라는 이름도 너무 복잡했다. 성부터 이름 두 자까지 전부 받침이 있는 모양새가 내 삶처럼 턱턱 걸린다고 생각했다. 조금 더 자연스럽고 부드러운 이름이면 좋겠다고 바랐다. 모난 돌투성이에 세찬 물살이 흐르는 강의 상류보다, 둥근 돌이 지천인 잔잔히 흐르는 강의 하류 같은 이름이면 싶었다.

그렇게 부모님이 지어주신 내 이름을 싫어하기만 하다

가 어느 날 문득, 이제 내 이름 정도는 스스로 지어도 될 만큼 내가 여물었다는 생각이 들었다. 내가 원하는 이름을 스스로 정하는 것이 나를 잘 대접하는 첫걸음 같기도 했다. 그런 생각을 했을 무렵, 남편도 아이도 없는 고요한 거실을 무심한 걸음으로 슬렁슬렁 걷다가 갑자기 '아리'라는 단어가 입 밖으로 툭 비어져 나왔다. 나도 모르게 내뱉어진 그 단어를 가만히 들여다보니, 그게 나의 새 이름이어도 괜찮을 것 같다는 생각이 들었다.

아리.

계시라도 되듯 얼른 그 이름을 붙잡았다. 예쁜 이름이었다. 틈날 때마다 아리, 아리, 가만히 불러보았다. 가볍고 부드러웠다. 무거운 받침들을 버렸으니 당장이라도 둥실 떠오를 수 있을 것 같았다. 그렇다면 성은? 그대로? 임아리? 아니야, 어울리지 않아. 그 이름에는 아빠의 성보다 엄마의 성이 훨씬 어울렸다. 정아리. 그래, 정아리. 마음에 들었다. 물론 법적 절차를 밟아 개명까지 하지는 않았다. 제도와 서류는 상관없다고 생각했다. 나 스스로, 그리고 가까운 사람들이 불러주는 이름이면 충분하다고 생각했다.

"나는 이제부터 아리야! 아리라고 불러!"

남편과 술잔을 기울이며 선언했다. 그는 "그래, 우리

아리!"라고 나를 부르면서 웃으며 술잔을 부딪혀주었다. 하지만 한국에서 아이를 낳고 키우는 여자의 이름이 불릴 일은 별로 없었다. 직장생활을 하지 않는 경우엔 더더욱 그랬다. 남편이 술을 마시고 기분이 좋을 때 가끔 "아리~"라고 불러주었지만 여전히 그 이름은 생명을 얻지 못하고 내 카카오톡 프로필에서 잠만 자고 있었다. 사람들은 물었다.

"정아리? 정어리야? 정아리가 뭐야?"

"응, 내 새 이름이야."

"정아리? 왜 정아리야?"

"예쁘잖아, 아리. 그리고 30년 넘게 아빠 성으로 살았으니까 지금부터는 엄마 성으로 살아보려고. 30년쯤 지나면 아예 성을 없애거나 또 새로운 성으로 살 수도 있고."

다들 그럴듯하다는 표정으로 고개를 끄덕였지만 실제로 그 이름을 불러주는 사람은 없었다.

그런데 우붓에서의 첫 햇살과 함께 마침내 누군가가 그 이름을 불러준 것이다. 그것도 너무 자연스럽게. "아리라고? 왜?" 이런 물음 없이 그저 내가 태어났을 때부터 아리였던 것처럼. 아침부터 가슴이 콩콩 뛰었다. 우붓에서 나는, 스스로에게 지어준 새로운 이름으로 다시 태어났다.

맑은 가난

"2년 살림치고 짐이 너무 없어서 깜짝 놀랐어요."

그런 말을 들었을 정도로 두 사람의 짐은 단출했다. 20킬로그램이 겨우 들어가는 트렁크 하나, 작은 기내용 트렁크 하나, 내가 번쩍 들 수 있는 택배 상자 하나가 우리 짐의 전부였다. 2년 동안의 새로운 도전을 위해 짐이 많을 필요는 없었다. 꼭 필요한 물건보다 꼭 먹어야 할 마음이 더 간절했다.

그렇게 소박한 짐을 작고 단정한 방에 풀었다. 방에는 퀸 사이즈 침대와 침대 양옆의 작은 협탁, 대나무로 짠 문 없는 옷장과 선이 예뻤던 고동색 화장대, 화이트 워싱이 된 작은 책상과 의자뿐이었다. 당연히 방은 한 칸. 하나뿐인 방 밖으로 나가면 벽이 없는 거실 한쪽에 귀여운 싱크대가 있었고 정사각형 모양의 식탁과 의자 넷, 셋이 앉을 수 있지만 혼자 눕는 걸 추천하는, 장식이 정교한 원목 벤치가 있었다.

거실 바로 앞 정원에는 푸른 잔디에 징검돌이 딴, 딴, 딴 박혀 있었고 징검돌 끝에는 짚으로 지붕을 얹은 대나무 정자가, 그 왼쪽으로는 투박한 나무 대문이 있었다. 침대부터 대

문까지는 약간 휜 곡선으로 부드럽게 이어져서 방문과 대문을 모두 열어놓으면 침대에 누워서도 대문 밖을 지나가는 사람과 "어, 어디 가요? 식사는 하셨어요?" "네, 밥은 먹었어요. 뭘 좀 사러 가요"라는 대화를 나눌 수 있는 구조였다.

부엌살림은 거의 없었으므로 작은 싱크대 아래 커튼으로 가려진 수납공간은 늘 텅텅 비어 있었고, 옷장도 옷 몇 벌만 개어 넣으니 공간이 넉넉히 남았다. 내 물건도, 아이 물건도 꼭 필요한 것들로만 꾸려진 미니멀 라이프였다. 일상의 핵심만 뚝 떼어 우붓에 갖다 놓으니 그렇게 단순할 수가 없었고, 그 단순한 공간이 좋았다. 법정 스님이 말씀하신 '맑은 가난'이 그 집에 구름처럼 둥실거렸다. '풍부하게 소유하지 말고 풍성하게 존재하라'는 스님의 말씀대로, 그렇게 살고 싶었다. 바람처럼 와서 구름처럼 가볍게 떠 있다가 때가 되면 또 미련 없이 떠나고 싶었다.

아침에 아이를 깨워 파란 하늘을 보며 아침을 먹이고, 오토바이를 타고 바람을 맞으며 학교에 데려다주었다. 길은 매일 달려도 매일 새로웠다. 집에 돌아와 커피 한 잔 마시고 마당을 바라보며 도서관이나 이웃에서 빌려온 책을 읽거나 번역 일을 했다. 한낮에는 옆집에 꼬박꼬박 수다를 떨러 갔고 때때로 요가를 하거나 장을 보러 가기도 했다. 그러고 나서 오후가 되면 다시 학교에 가서 아이를 데려왔다. 아이와 집으로 돌아오면 아침처럼 또 마당을 바라보며 아이에게 간식을 챙겨주었다. 마당의 초록이 어느새 어둠에 잠기면 옆집에서 놀고 있는 아이를 데려와 저녁을 먹이고 씻기고 재웠다. 그렇게 소박하고 단순한 날들이 줄줄이 사탕처럼 이어졌다.

빨래는 일주일에 한 번 동네 빨래방에 맡겼고 속옷은 모아서 손빨래를 하거나 귀찮으면 이웃집 세탁기를 빌려 썼다. 초록 마당에 한국에서 공수해온 빨랫줄을 걸고 잔디를 사그락사그락 밟으며 물이 뚝뚝 떨어지는 옷을 거는 이른 아침의 햇살이 좋았다. 그늘에 앉아 바짝바짝 말라가는 빨래를 바라보고 있자면 내 마음도 활짝 펴져 뽀송뽀송 말라갔다. 잔디는 부지런히 자랐고 마당 한 켠 작은 웅덩이의 연꽃은 새침하게 피고 졌으며 프랑지파니 나무는 무심한 듯 그 하얗고 예쁜 꽃을 툭 떨어뜨려 나를 설레게 했다.

아이는 한국에서도 빛났지만 우붓에서 더 활짝 피어났다. 하루가 다르게 완두콩처럼 여무는 모습이 눈에 보였다. 나 역시 잎사귀에 먼지를 얹고 구석에 처박혀 있던 가련한 화분에서 마음씨 좋은 새 주인을 만나 마음껏 물을 마시고 햇빛을 보게 된 신나는 화분이 된 것 같았다.

그래도 평범한 사람인지라 살다 보면 스님의 좋은 말씀

은 거스르고 필요 없는 물건을 사다 모으게 되는 때가 있었다.

"딸! 기분도 별론데 옷이나 사러 갈까?"

"좋아!"

우붓 북동쪽에는 제법 큰 빈땅 슈퍼마켓이 있었다. 그 옆에 작은 옷 가게가 있었는데 출처를 알 수 없는 망고Mango나, 갭GAP, 에이치앤엠H&M 옷들을 건질 수 있었다. 저렴한 가격에 "땡잡았다!" 외치며 한두 벌씩 들고 나오면 기분은 좋았지만 그득해져가는 옷장이 또 불만이었다.

"딸! 옷 한 벌 샀으니까 이제 안 입는 옷 한 벌 내놔. 스마일숍에 기증하자."

스마일숍은 입술이나 잇몸, 입천장이 갈라진 기형을 갖고 태어난 발리 아이들의 수술 비용을 지원하는 재활용품 가게였다. 내 말이 떨어지기가 무섭게 아이도 신나서 옷장을 뒤적였다. 아이는 부지런히 컸으므로 못 입는 옷은 늘 있었다. 그렇게 하나를 사면 하나는 버린다는 원칙으로 우붓에서의 맑은 가난은 유지되었다. 부족함도 없고, 넘침도 없는 시간이었다.

인생에도 쉼표가 필요하다

"그럼, 쉬세요."

처음 우붓에 살기 시작했을 때 가장 신선했던 말이었다. 쉬란다. 어느 누구도 나에게 열심히 노력하라고, 시간 낭비하지 말라고 강요하지 않았다. 노느니 뭐라도 하라는 말도, 지금 놀면 나중에 고생한다는 말도 없었다.

"아이가 학교에 잘 적응할지 걱정이에요. 오늘도 학교가 떠나가라 울었는데 얼마나 지나야 안 울고 학교에 갈까요?"

"걱정 마요. 예니는 씩씩하니까 금방 적응할 거예요"라는 대화도,

"마트는 어디가 제일 좋아요?"

"장은 보통 빈땅이나 델타 슈퍼마켓에서 봐요. 썩 신선하진 않지만 그래도 괜찮아요. 고기는 빈땅이 조금 더 좋은 것 같고요. 가격 비교 같은 건 별로 의미 없어요. 늘 바뀌니까요"라는 대화도,

"김밥 좀 쌌는데 와서 먹어요!"

"와, 감사해요! 이 재료는 다 어디서 났어요?"라는 대화도, 마무리는 늘 "쉬세요"였다.

그 말이 그렇게 좋았다. 결혼하고 아이를 낳고, 아니 평생을 살면서 나는 몇 번이나 그 말을 들어보았을까? '쉬세요'라는 말도, '나 이제 좀 쉴래'라는 말도 내게는 영 어색했다. 그런 말을 주고받아본 기억이 없었다. 한국에서 쉬어야겠다는 말은 곧 포기 선언이었다. 노력하지 않는 자, 게으른 자를 연상시켰다. '열심히 일한 자 떠나라!'는 말은 '떠나서 쉬어라!' 하는 말이 아니라 '떠났다가 돌아와서 더 열심히 일해라!' 하는 뜻이었다. 그런데 우붓에서는 오늘도 '쉬세요', 내일도 '쉬세요'였다.

신선한 충격이었다. 신의 허락이라도 떨어진 듯 나는 그 말을 고이 마음에 담아와 아이가 학교에 가고 나면 텅 빈 거실에 앉아 마당을 바라보며 가만히 쉬었다. '아이가 학교에서 울면 어쩌나' '여기에서 이렇게 놀아도 되나' '한국에 있는 남편은 잘 있을까' 하는 모든 걱정을 내려놓고 그저 가만히 쉬었다. 감사히 쉬었다. 침대에서 뒹굴다가 소파로 자리를 옮겨 한 차례 더 뒹굴었고 그마저도 지겨워지면 쪼리를 질질 끌고 동네를 걸었다. 입꼬리를 치켜올리고 골목 입구 가게에 들어가 먼지 쌓인 과자와 음료수를 구경했다. 파파야나 바나나를 쌓아놓고 부채질하며 더위를 식히는 아줌마들과 미소를 주고받

앉다. 허리춤에 사롱Sarong을 예쁘게 두르고 가게 구석 높은 곳에 있는 제단에 하루에 세 번 차낭Canang을 올리는 아가씨들을 훔쳐보았다. 몇 걸음에 한 번씩 발에 채는 길바닥의 차루Caru에 오늘은 뭘 올렸나, 개미들이 얼마나 모여 있나 구경했다. ('차낭'은 천상의 힌두 신들에게, '차루'는 지하의 힌두 신들에게 하루에 세 번씩 바치는 제물이다.)

    뜨거운 볕을 뒤로하고 책상에 앉아서도 쉬었다. 열대의 한낮이 뿜어내는 열기는 방 안이라고 해서 다를 것이 없었다. 다행히 열어놓은 문으로 가느다란 실바람이 잊을 만하면 한 번씩 인기척을 했다. 노트북을 켜고 부지런히 자판을 두드리다 보면 열기가 몸속까지 스며 등줄기가 데워졌다. 그대로 조금 더 있으면 데워진 등줄기에 송골송골 맺혔던 땀이 또르르 굴러떨어졌다. 문을 닫고 에어컨을 켤 수도 있었지만 중력을 이기지 못한 땀방울이 결국 미끄럼을 타는 그 순간이 좋았다. 그 순간을 종종 기다렸다. 더위 때문에 나오는 한숨인지 쉼이 벅차 나오는 탄성인지, 더운 공기가 입안을 맴돌다 탈출했다. 그 평화로운 한낮을 사랑했다.

    집에서 쉬다가 지겨워지면 카페에 홀로 앉아 사람들을 구경했다. 몽키 포레스트와 가까운 카페에서는 갑자기 원숭이가 달려들어 설탕을 한 주먹 쥐고 태연히 내 앞에 앉아 있기도 했다. 벌겋게 달아오른 여행자들은 정오부터 빈땅 맥주를 마시며 열기를 식혔고, 알록달록 건강 주스나 코코넛 주스를 통째로 마시며 차크라나 명상, 카르마에 대해 열띤 토론을 하는 요기들도 어딜 가나 보였다. 나처럼 노트북을 앞에 두고 앉아 있는 이들은 뭘 하나 화면을 힐끔거렸다. 나도 하고 싶다 생각하며 자유로운 영혼들의 타투를 구경하는 재미도 좋았지만, 하다 하다 얼굴까지 타투로 뒤덮은 사람들을 보며 고개를 설레설레 젓기도 했다. 그마저도 지겨워지면 오토바이를 타고 조금 더 달려 새로운 동네를 구경하거나, 어디에나 하나씩은 있는 동네 구멍가게에서 달디단 발리 커피를 마시며 저 멀리 우뚝 서 있는 아궁산의 정기를 받고 돌아오기도 했다.

축복과도 같은 휴식이었다. 지쳤던 몸과 마음을 열대의 햇살 아래 고이 늘어놓았다. 새로운 풍경에 몸과 마음을 온전히 맡겼다. 어쩌면 지금까지의 인생에서 처음으로 맞이하는 완전한 휴식이었다. 열심히 달리기만 하던 쳇바퀴에서 빠져나온 세상은 그렇게 싱그럽고 충만했다.

그리고 한국에서 열심히 일하고 있을 그를 떠올렸다. 그에게도 이 햇살이, 이 바람이 전해졌으면 좋겠다고 생각했다. 미안한 마음이 들었지만 우선 나라도 쉬어야 했다. 그래야 돌아가서 더 넓고 여유로운 마음으로 그를 대할 수 있을 테니까.

아이들의 천국, 뻴랑이 스쿨

"딸, 이제 학교 간다. 잘할 수 있지?"

"몰라. 나 영어 못하잖아."

"괜찮아. 금방 배울 수 있어. 재밌게 놀다 보면 어느새 잘하게 될 거야."

"정말?"

"그럼. 아이들에게는 다른 나라 말을 잘 배울 수 있게 도와주는 천사가 있어. 처음 며칠은 무슨 말인지 모르겠지만 천사가 금방 잘할 수 있게 도와줄 거야."

"알았어."

아이가 가게 될 학교의 이름은 뻴랑이 스쿨 Pelangi School. 우붓에서 외국인이 다닐 수 있는 학교는 두 군데다. 아주 간혹 인도네시아 현지 학교에 다니는 아이들도 있었지만, 대부분은 텔레비전에도 소개되어 유명해진 그린 스쿨 Green School 과 그보다 더 작고 아담한 뻴랑이 스쿨 중에서 선택한다. 나의 경우, 그린 스쿨에 대해서는 우붓으로 이주한 뒤에야 알게 되었으니 당시 내게는 선택의 여지가 없었다. '우붓'과 '국제학교'라는 키워드로 검색해서 만나게 된 학교는 쁠랑이 스쿨 하나였고, 그 유일한 학교가 나는 마음에 들었다. 자연에 파묻힌 캠퍼스가 좋았고, 우붓에 정착한 외국인들이 자녀들을 위해 만든 학교라고 해서 더욱 믿음이 갔다. 아이가 아이답게 자랄 수 있도록 학습적인 부분을 과하게 강조하지 않는 교육 철학도 마음에 들었다.

하지만 무엇보다 쁠랑이 스쿨에 대해 알아보는 과정에서 내 마음을 가장 크게 움직였던 것은 학교 홈페이지에 적혀 있던 한 문장이었다. '나는 학교를 세 군데 다녀봤지만, 쁠랑이 스쿨에서 가장 나일 수 있었다.' 쁠랑이 스쿨을 졸업한 아이가 남긴 글이었다. 자기다운 삶을 살 수 있는 곳을 찾아 훌쩍 떠나려고 작정한 엄마에게 그 이상의 선택은 없어 보였다. 아이는 초등학교 입학 통지서를 받은 뒤 3월 한 달은 등교하지 않고 집에서 놀다가 그해 4월 우붓으로 떠났다. 언어가 익숙하지 않았던 아이는 쁠랑이 스쿨의 새 학기가 시작되는 8월에 1학년으로 입학하기로 하고, 4월부터 6월까지는 유치원 과정에 합류해 적응기를 가졌다.

알겠다고 시원하게 대답했던 아이는 며칠을 등교할 때마다 학교가 떠나가라 울었다. 그 소리가 어찌나 우렁찼는지 다른 학년 선생님들까지 우리 모녀를 걱정스레 내다보았다.

"엄마! 가지 마! 으앙으앙! 가지 말라고!"

"괜찮아. 엄마 금방 올 거야."

"싫어! 가지 마! 앙앙."

"어, 저기 니키 있다. 니키한테 가봐! 데위는 어때? 조금만 놀고 있으면 엄마가 금방 올게."

"싫어! 가지 마! 앙앙."

"어! 미카도 왔네. 미카랑 놀면 되겠다. 그치?"

"흑흑, 엄마 그럼 점심 먹을 때까지 꼭 와!"

"알았어. 오늘은 점심까지만 먹고 엄마랑 집에 가자."

미카는 예니와 같은 날 학교에 다니기 시작한 일본인 친구였는데 미카도 예니처럼 영어를 못했다. 우는 아이를 달래며 이러지도 저러지도 못하던 나와 달리 커다란 챙이 달린 모자를 쓰고 예쁜 원피스를 입고 온 미카 엄마는 눈에 눈물이 그렁그렁 고인 미카에게 "안녕!" 하며 늘 쿨하게 돌아섰다.

"안녕, 난 안나라고 해. 미카 엄마야. 예니도 미카랑 같은 날 시작했지? 너도 알지? 우리 애들 아침마다 우는 거?"

"당연히 알지! 그런데 넌 어떻게 그렇게 잘 두고 가? 나는 도저히 발이 안 떨어지던데?"

"어쩔 수 있나. 그냥 가야지. 옆에 있으면 더 울기만 해. 오빠가 둘이나 있으니까 크게 걱정이 안 되기도 하고."

며칠 후 등굣길에 안나를 만나 내가 말했다.

"오늘 아침에 말이야. 예니가 당연히 울기 시작했고 미카도 눈물이 그렁그렁했어. 그 와중에 둘이 화장실에 가고 싶었나 봐. 둘이 손을 꼭 잡고 차례로 변기에 앉아 문을 열어놓고 쉬하면서 미카가 얼마나 울었는지 몰라. 엄마 앞에서는 울 것 같지만 생각보다 그렇게 많이 울진 않잖아? 그런데 너가 가고 나니까 예니랑 그렇게 같이 울더라."

"그래? 하하. 몰랐어! 괜찮아. 금방 추억이 될 거야."

"그래. 정말 빨리 추억이 되었으면 좋겠다."

아이는 갓난아기 때 보였던 분리불안 증세를 더 심해진 버전으로 다시 보였다. 그렇게 학교에서 울면서 겨우 점심시간까지 보내고 집에 오면 그때부터 엄마가 안 보이는 상황을 단 1초도 용납하지 못했다. 나는 몇 년 만에 다시 화장실 문을 열어놓고 볼일을 봐야 했다. 이게 무슨 짓인가 싶었지만 아이가 적응할 때까지 기다릴 수밖에 없었고, 다행히 오래 기다릴 필요는 없었다.

안나의 말대로 추억의 시간은 금방 다가왔다. 악을 쓰고 엄마를 부르며 절규하던 아이는 두 달 만에 딴사람이 되었다. 나는 학교 앞에서 오토바이 시동을 끌 필요도 없이 아이만 내려주고 그대로 되돌아올 수 있었다. 아이는 입구에서부터 씩

씩하게 교실로 올라가 종일 신나고 즐겁게 뛰어놀았다.

"엄마, 이제 여기까지만 와. 여기서부터는 혼자 갈게!"

"정말 혼자 갈 수 있겠어?"

"응!"

아이는 차츰차츰 우붓의 품에서 여물어갔다. 나도 아이를 믿고 모든 걱정을 내려놓았다. 처음에 적응을 시킨다고 미카와 일주일에 한 번씩 하던 방과후 영어도 어느새 그만두었다. 오늘은 뭘 배웠는지(알아서 잘 배웠겠지!), 숙제는 있는지(있으면 안 되지!) 신경 쓰지 않았다. 날이면 날마다 오늘은 누구랑 뭘 하고 놀았는지, 뭐가 재미있었는지만 물었다. 어느 날 아이가 이렇게 말했다.

"엄마! 내가 우리 반에서 영어 제일 잘해!"

"진짜? 어떻게 알아?"

"나도 몰라. 그냥 다른 애들은 단어를 막 다 틀리게 써."

"그래? 넌 어떻게 다 아는데?"

"몰라. 그냥 알아."

학교에 가기 싫다면서 엉엉 울던 아이는 다음 학기부터 우등생이 되었다. 잘 적응해준 아이가 고마울 따름이었다. 누군가가 비결을 묻는다면 글쎄, 다른 것은 모르겠고 이 두 가지는 이야기해줄 수 있다. 영어 책을 2천 권 정도 미리 읽어줄 것. 아웃풋은 가능하면 확인하지 말 것.

아이가 어렸을 때부터 나는 알았다. 살다 보면 해보지 않아도 그냥 알 수 있는 것들이 있지 않은가. 나는 알파맘이나 헬리콥터맘은 될 수 없었다. 아이보다 더 부지런해야 하는 엄마표 영어도 못할 게 틀림없었다. '그래도 한번 해볼까'라는 생각조차 들지 않았다.

다만 책을 꾸준히 읽어줬다. 내가 좋아하는 책을 아이도 좋아하길 바라면서. 한글 책, 영어 책을 가리지 않았고 빌리기보다 사서 읽어줬다. 엄청나게 책을 사들였다. 언젠가 남편과 함께 집에 있는 아이 책을 세어보니 영어 책과 한글 책을 합쳐 3천 권 가까이 되었다. 거실 서재가 유행하기 전부터 우리 집은 거실 벽면이 책장이었다. 집에 텔레비전도 없었다. 형편이 늘 넉넉하지 않았기에 결혼반지와 돌반지를 팔아 책을 사기도 했고 아이가 명절 때 받은 용돈도 고스란히 책이 되어 돌아왔다. 그 많은 책을 쌓아놓고 아이가 읽어달라는 만큼 읽어줬다. 아이가 듣다가 까무룩 잠이 들 때까지. 하지만 졸음과 싸워야 했던 사람은 대부분의 경우 나였다. 엄마의 목소리를 듣는 아이의 눈은 새벽까지 말똥말똥했다. 모두가 잠든 새벽, 나란히 누워 아이가 내 목소리에 귀 기울이고 있는 순간이 좋았다.

영어 책은 돌 때부터 읽어주었지만 아이는 우붓에 가

기 전까지, 그러니까 만 5년이 넘도록 영어 아웃풋이 전혀 없었다. 그렇다고 해서 결과를 확인하기 위해 물어보지 않았다. 그저 내버려두었다. 아이 안에 다 쌓이고 있다고 믿었다. 필요할 때 꺼내 쓸 거라고 여겼다. 그 믿음대로 아이는 우붓에서 수월하게 영어를 배웠다.

뻘랑이의 아이들은 행복했다. 경쟁이 없고 평가가 없었다. 성적으로 줄 세우지 않았고 다름을 축복으로 여겼다. 영어 스펠링을 쓸 줄 모르는 아이가 4개 국어로 말했고 덧셈 뺄셈이 느린 아이는 놀라운 그림을 그려냈다. 교실보다 운동장이, 연필보다 축구공이 더 가까운 아이들이었다. 뛰고 뒹굴고 만들고 칠하고 춤추느라 머리는 땀에 젖었고 손과 셔츠는 알록달록했으며 발은 늘 까맸다. 아이들은 그 누구도 아닌 자신이 되는 법을 배우면서 세상을 탐험했다.

이런 다양한 환경이 마음에 들었다. 우붓으로 떠나기 전, '가족은 함께 살아야 해' '아빠랑 떨어져서 어떻게 살아?'라는 걱정스러운 말들을 들었다. 하지만 우붓에 와보니 어떠한 형태의 가정이든 다양한 모습 그대로 자연스러웠다. 이혼 가정은 흔했고 흠도 아니었다. 아빠랑 따로 사는 아이, 일하는 엄마 아빠 대신 유모와 더 많은 시간을 보내는 아이, 이혼한 부모 집을 오가는 아이, 아빠의 여자 친구와 즐거운 시간을 보내는 아이… 수많은 형태의 삶이 그곳에 있었다. 한국에서처럼, 상자에서 조금만 벗어나면 손가락질하거나 안 그런 척하면서 슬며시 멀리하는 모습은 찾아볼 수 없었다. 있는 그대로, 그 어떤 모습도 받아들여졌다.

아이는 지금도 가끔 말한다.

"미카 보고 싶다. 미카는 잘 있겠지?"

힘든 시절을 함께 헤쳐나간 친구. 늘 손을 잡고 다녔지만 영어도, 한국어도, 일본어도 소용없어 눈빛으로만 소통하던 친구. 둘이 서로 짠한 눈빛을 얼마나 많이 주고받았을까? 그조차도 아름다운 추억이 된 찬란하고 자유로웠던 유년 시절은 우붓이 아이에게 준 가장 큰 선물이었다.

어디에서든 일할 자유, 디지털 노마드

쉬어도 된다고 신이 허락했건만, 얼마간의 시간이 지나자 우붓이 빵빵하게 채워준 에너지를 어딘가에 잘 쓰고 싶어졌다. 이대로 아무것도 하지 않고 2년을 보내다 돌아가고 싶지는 않았다. 다시 일이 하고 싶어졌다. 여기에서도 할 수 있는 일이니 하지 않을 이유는 없었다.

아이의 돌잔치를 앞두고 번역 공부를 시작했고 천천히 자리를 잡아갔다. 내가 옮긴 책들이 하나씩 나올 때마다 마음이 부자가 되었다. 마감 일정이 급하면 아침 일찍 아이를 어린이집에 데려다주고 작업실로 출근했다가 저녁 무렵 아이를 데려오기도 했다. 늦은 시간까지 엄마를 기다릴 아이가 안쓰러웠지만 작업 시간이 쌓일수록 뿌듯함도 커졌다. 내 손으로 옮긴 문장들이 한 권의 책이 되어 나오는 번역의 매력을 포기할 수 없었다. 일이 없을 땐 아이를 어린이집에 보내지 않고 함께 시간을 보내고, 일이 급할 땐 오래 맡기고 열심히 일하면서 일과 육아 사이의 균형을 맞춰가려고 노력했다. 그렇게 번역가로서 어느 정도 자리를 잡아놓고 우붓으로 건너왔다.

타국에서도 다시 책을 펼치는 것은 자연스러운 흐름이자 선택이었다. 어디에서든 할 수 있는 일이라는 것이 번역의 장점이었으니까. 우붓에서의 생활은 그 자체로도 좋았지만, 여기에서도 할 수 있는 일이 있다는 사실이 그 새로운 생활의 단단한 버팀목이 되어주었다. 혹시 아나. 인세로 계약한 번역서가 대박이 나서 남편한테 이렇게 외칠 날이 올지! "당장 그만두고 와! 내가 먹여 살릴게!" 물론 이 말만 듣고 섣불리 번역을 시작하는 사람이 없어야 하기에 솔직히 말하자면, 그럴 가능성은 제로에 가깝다.

계약서와 책은 국제우편으로 받았다. 한국에서 건너온 일상 한 조각을 우붓이라는 퍼즐에 끼워넣었다. 나는 디지털 노마드가 되었다.

"우붓 사세요?"

"네. 여기 살아요."

"어머, 좋겠다. 여기서 일하세요? 무슨 일 하세요?"

"책 번역해요."

"와, 멋져요. 좋으시겠어요."

멋지긴. 전 세계 어디에서든 육아와 일의 병행은, 그렇게 우아하지만은 않다. 그렇다면 그 '멋져요'라는 말에 담기지 않는 실상은 과연 어땠을까?

우선 아이를 학교에 보내고 이런저런 급한 일(쌀이 떨어졌다! 빨래방에 다녀오지 않으면 내일 입을 옷이 없다!)을 처리한 뒤 책을 펼치고 자리에 앉는다. 중간에 점심도 먹고 커피도 마시고 슬렁슬렁 이웃집에 가서 수다도 떨다 오지만 매일 일정 시간 동안에는 영어 원서와 한글 문서만 번갈아 들여다본다. 그렇게 '아, 지겨워!' 하면서 엉덩이가 들썩해도 꾸역꾸역 버티다가 아이가 학교에서 돌아오기 30분 전에는 작업을 멈춘다. 대개 그즈음이 한창 일이 잘 되는 때이지만 어쩔 수 없다. 그 시점에 일을 멈추지 않으면 넋이 없고 얼빠진 좀비 상태로 아이를 맞이하게 되기 때문이다. 10분이라도 멍하게 있거나 혹은 초록을 보며 복잡한 뇌를 단순하게 만들어야 아이와 눈이라도 마주치며 "오늘 학교는 어땠어? 재밌게 놀았어?"라고 물어볼 수 있기 때문이다.

여전히 아이와 함께 하는 일상이었기에 우붓이었다고 해서 일과 육아의 저글링은 피할 수 없었다. 그럼에도 불구하고 그 생활이 싫지 않았다. 아이를 위한 일과 나를 위한 일이라는 두 개의 공만 공들여 저글링 하는 삶은 손이 모자를 만큼의 많은 공을 정신없이 돌려야 했던 한국에서의 삶과 비교하면 그래도 한결 수월한 편이었다. '번역하는 사람'이 내 정체성의 전부는 아니었지만, 그 일을 하는 동안에는 내가 누군가의 엄마, 누군가의 아내가 아닌 그저 나일 수 있다는 사실도 좋았다.

　우붓에서 번역 일을 하면서 늦게라도 이 일을 업으로 선택하길 참 잘했다는 생각을 종종 했다. 번역은 혼자서도 할 수 있는 일이었기에 어딘가에 소속되어 출퇴근할 필요가 없었다. 덕분에 홀가분하게 멀리 떠날 수 있었다. 또 어디에서든 할 수 있는 일이었기에 떠나와 있는 동안에도 일을 할 수 있었다. 온 세상이 코로나19로 멈춰 섰을 때도 나는 여전히 나에게 주어진 그날 치의 일을 했다. 하루아침에 변해버린 세상에 사람들이 망연자실할 때, 나 역시 겁을 먹지 않을 수 없었다. 그럼에도 불구하고 평소처럼 책상에 앉아 노트북을 켜고 원서의 한 글자 한 글자를 우리말로 옮기다 보면 어느 순간 마음이 편해졌다.

　물론 번역 일만으로 완벽한 경제적 자유를 이루기는 어려운 것이 사실이다. 그러나 나를 안심시켜주는 또 하나의 사실이 있다. 언제 어디에서든 이 일이 내 삶의 뿌리를 단단하게 만들어주리라는 것. 나를 나로 살게 해주리라는 것. 우붓에서 그랬던 것처럼 말이다.

오토바이 타는 여자

우붓에 사는 동안 꼭 필요했던 물건을 꼽으라면 바로 내 두 발이 되어준 오토바이였다. 그냥 불어도 좋은 바람이지만 오토바이를 타며 맞는 바람은 얼마나 시원하고 또 짜릿했는지 모른다.

처음 오토바이에 앉았을 때의 긴장과 설렘이 떠오른다. 자전거 타본 가락은 있으니 균형은 잡겠는데 무게는 자전거에 비할 바가 안 되니 한 번 균형을 잃어 휘청거리기라도 하면 뒷목부터 척추를 따라 찌릿한 느낌이 들도록 용을 쓰며 버텨야 넘어지지 않았다. 처음 자동차 운전을 배울 때 액셀러레이터를 꽉 밟는 것도 아니고 아예 안 밟는 것도 아닌 상태를 유지하려고 덜덜 떨었던 것처럼, 오토바이 역시 오른쪽 핸들을 살짝만 당기며 속도를 조절하는 것이 쉽지 않았다. 자동차 액셀은 신발이라도 신고 밟지만 오토바이 핸들은 손에 밴 땀으로 범벅이 되어 자칫 미끄러져서 확 당겨버릴까 봐 더 겁이 났다. 살짝 당기기만 해도 부아아앙 급발진을 하고 살짝 당긴 상태를 유지한다고 해도 이놈의 오토바이는 약 올리듯 멈춰버리기 예사였다.

하지만 그런 시행착오도 잠깐이었다. 얼마 안 가 동네 공터를 한 바퀴 돌았다. 동네 공터는 오르막길과 내리막길이 적재적소에 있는데다 차도 다니지 않고 지나다니는 사람도 없는 최적의 연습 장소였다. 까까머리 동네 아이들과 인적 없는 가게 앞에 무료하게 앉아 있는 아낙들만 신기한 듯 나를 바라보았다. 다음 날엔 큰 차는 거의 없지만 오토바이는 다니는 엄연한 길을 조금 달렸다. 또 그다음 날은 집 근처에서 가장 한적한 길인, 밑동을 도는 데 족히 10분은 걸릴 듯한 거대한 나무가 휘청휘청 가지를 드리운 공동묘지 옆길을 달렸다. 차도 오토바이도 빈번히 출몰하는 길이었기에 갈 때는 벌벌 떨었지만 되돌아올 때는 시나브로 자신감이 붙어 속도를 제법 내면서 달렸다. 그리고 오토바이에 대한 내 무한 사랑이 시작되었다.

아이를 학교에 내려주고 하염없이 우붓의 거리 곳곳을 달리는 날들이 이어졌다. 모르는 곳으로, 한 번도 가보지 않은 길로, 길을 따라 달리고 또 달렸다. 푸른 논이 휙휙 지나갔다. 공사 자재를 잔뜩 실은 거대한 트럭이 쌩하고 앞질러 가는 순간에는 심장이 확 쪼그라들었다 퍼졌다. 성질 급한 청춘 남녀의 오토바이는 '우리, 추월해요'라고 말하듯 클랙슨을 빵 하고 울리며 지나갔다. 속도가 붙기 시작하니 나도 한두 명쯤은 앞

지를 수 있었다. 오토바이에 앉아 핸드폰을 들여다보느라 정신 없는 어린 소녀를 앞질렀고, 네 가족을 전부 태우고 뒤뚱거리는 오토바이도 따라잡았다. 누런 논을 지나 허름한 식당 앞에 아이를 안고 앉아 있는 젊은 엄마와 낫 하나 쥐고 터덜터덜 걷는 할아버지와 웃통을 벗고 벽돌을 쌓느라 땀을 뚝뚝 흘리고 있는 아저씨도 스쳐 지났다. 제 키보다 더 큰 자전거 바퀴를 힘겹게 굴리는 꼬마도 앞질렀다.

그 속도감이 좋았다. 오토바이 운전은 자동차 액셀을 밟을 때보다 더 팔딱이는 맛이 있었다. 자동차의 속도감은 감히 따라올 수 없었다. 프레임에 갇혀 있지 않으므로 온몸으로, 오감으로 길 위의 공기를 느끼는 살아 있는 맛이 있었다. 그 상쾌한 속도, 웅웅 대며 헬멧을 파고드는 온갖 소리, 거친 듯 부드럽게 굴러가는 바퀴가 좋았다. 자갈길을 달리면 엉덩이가 들썩들썩한 대로, 잘 닦인 길을 달리면 매끈하게 나가는 대로 다 좋았다.

나시와 반바지를 입고 오토바이를 타면 열대의 작열하는 태양에 팔뚝과 허벅지가 뜨겁게 달아오르고 있다는 것이 초 단위로 느껴졌다. 내 살갗의 온도가 시시각각 달아오르는 느낌조차 만족스러웠다. 비가 오면 슈퍼맨 망토처럼 펄럭여서 입으나 마나 한 비옷을 입고 달리는 대로, 빗물이 줄줄 흐르는 선글라스 너머를 눈 부릅뜨고 째려보며 달리는 대로 다 좋았다. 쌀쌀한 아침이면 카디건을 걸쳐 입고 평소보다 더 상쾌한 공기를 들이마시는 게 좋았고, 밤에는 밤대로 낮과는 다른 우붓의 밤을, 흥겨운 여행자들을, 소박한 불빛을 구경하는 게 좋았다.

우붓 생활에서 가장 좋은 점은 뭐니 뭐니 해도 라이딩이었다. 아이의 첫 방학을 맞아 잠시 한국에 들어가면서 가장 아쉬웠던 점은 한 달 동안 내 사랑 오토바이를 타지 못한다는 사실이었다. 한국에 도착해서는 동네 치킨집이나 짜장면집 앞에 줄지어 서 있는 오토바이를 부러운 눈길로 바라보며 침을 흘렸다. 배날의 기수들이 그때만큼 부러웠던 적은 없었다. 한창 오토바이와 사랑에 빠져 있을 때는 차만 타면 답답했다. 꼭 동물원에 갇힌 한 마리의 가련한 짐승이 된 기분이었다. 사람들은 왜 이렇게 답답한 교통수단을 이용하는 것인가! 이렇게 오토바이를 타기 편한 곳에서, 이렇게 시원하고 자유롭고 교통체증과도 상관없이 굴러가는 오토바이를 놔두고.

발리 사람들은 오토바이 안장에 앉았을 때 두 발이 땅에 닿기 시작하는 시기부터 오토바이 타는 법을 배웠다. 아직 머리에 피도 안 마른 것 같은 소년 소녀들도 당당히 오토바이를 타고 동네를 활보했다. 우붓에서 오토바이는 자동차의 주행을 방해하는 위험한 교통수단이 아니라 그들의 생활이자 필수품이었다. 동네 고등학교 안에는 아이들이 등하교를 위해 타고 다니는 오토바이를 위한 거대한 오토바이 전용 주차장도 있었다.

그러던 어느 날, 갑자기 죽을 것 같은 기침이 시작되어 달이 지나도록 멈추지 않았다. 지극한 오토바이 사랑에 취해 내가 공기 중의 모든 매연을 들이마시고 있다는 생각은 하지 못했던 것이다. 겁이 덜컥 나 부랴부랴 한국으로 들어가 호흡기 정밀검사까지 했지만, 특별한 이유는 없었다. 다행히 기침은 시나브로 잦아들었고 그 기침을 겪고도 나의 오토바이 사랑은 변하지 않았다. 심지어 발리 타투에도 불구하고!

발리 타투가 무엇이냐? 바로 오토바이 배기통에 홀라당 댄 영광의 화상 자국을 말한다. 주로 종아리, 간혹 발목이나 복숭아뼈 근처에 많이들 생긴다. 이 발리 타투로 말할 것 같으면 모양이 같은 타투가 하나도 없다. 위치도 모양도 색도 사람마다 다르다. 그 순간 신이 발휘하는 예술적 감각이 그대로 드러날 뿐이다. 아, 사후 처리를 어떤 방법으로 얼마나 잘하느냐도 결과물에 영향을 끼친다.

나는 시장 통에서 발리 타투를 새겼다. 한참 달리다 막 세워놓은 (그러니까 엄청 뜨거운) 오토바이 배기통에 종아리가 달라붙었다. 너무 놀랐고 또 아팠다. 그런 일은 처음이라 몹시 당황했지만 옆에 있던 친구들 덕분에 재빨리 약국을 찾아 응급처치를 했다. 다행히 상처는 깊지 않았다. 날마다 정성스럽게 드레싱을 하며 관리했고, 흉터 연고도 한 달 간 꼼꼼하게 발랐다. 하지만 결국 내 몸에 타투로 남고 말았다. 역시 인생에는 좋은 것과 나쁜 것이 사이좋게 공존한다. 신나는 라이딩과 안타까운 타투처럼.

나의 첫 카우치 서퍼

"When was your first love?" (첫사랑이 언제였어?)

그녀가 갑자기 물었다. 방심하고 있다가 허를 찔렸다. 나는 그녀보다 14년이나 더 살았다는 이유로 이제 막 파란만장해지려는 그녀의 연애 사업에 어쭙잖은 조언을 해줄 생각이었는데 말이다. 나는 어색하게 맥주잔을 들었다 놓으며 대답을 대충 얼버무렸다. 다행히 부드럽게 화제가 전환되었다.

그녀의 이름은 크리스탈. 수정처럼 순수하고 젊은, 중국에서 온 카우치 서퍼Couch surfer다. 가끔 새로운 친구 생각이 간절해지고 이상하리만치 에너지가 넘치면 소파를 내어달라 청하는 카우치 서퍼들을 나의 우붓 집으로 초대했다. 나만의 공간으로 불쑥 들인 이들은 불편하고 어색한 과정 없이도 깊은 대화 상대가 되어주었다. 크리스탈은 나의 첫 카우치 서퍼였다.

방년 21세. 나와 예니의 중간 나이. 엄밀히 말하자면 내 나이보다 예니의 나이와 더 가까운 그녀는 카우치 서핑이 자신의 운명을 바꾸었다고 말했다. 가끔 단어를 고르느라 고개를 45도 정도 갸웃거리며 한 단어 한 단어 정성스레 내뱉는 그녀의 모습은 순수하다 못해 아름다웠다. 한순간에 운명을 바꿀 수 있는 사건을 경험하는 것은 젊은 시절만의 특권일 터이다. 그녀는 젊음이 말없이 내어놓은 그 특권을 제대로 누리고 있었다. 나도 우붓에서 꽤 젊게 산다고 생각했는데 내 머릿속 젊음과 그녀가 자신의 온몸으로 보여주는 젊음은 달랐다. 나는 그 팔딱이는 젊음이 부러워, 이미 지나가버린 시절이 아쉬워 괜히 맥주잔만 들었다 놓았다. 그녀는 이제 막 알을 깨고 나와 온몸으로 세상을 받아들이고 있었다. 지금까지 나고 자란 곳과 완전히 다른 새로운 세상에 약간 흥분해 있었다. 그리고 이렇게 말했다.

"I am an abnormal Chinese." (난 평범한 중국 사람은 아니야.)

우붓을 찾는 중국 여행자들은 커다란 전세 버스를 타고 등장해 순식간에 일대의 교통을 마비시켰다. 그들은 화려한 차림에 명품 가방을 들고 줄지어 걷다가 해가 지기 전에 다시 한 번 교통을 마비시키며 버스를 타고 사라졌다. 크리스탈은 커다란 챙이 달린 모자도, 굽 높은 샌들도, 어깨가 환히 드러나는 원피스도 없었다. 배낭 하나와 크로스백 하나, 낡은 운동화와 붉은 티셔츠, 호랑이가 그려진 바지 차림의 그녀는 한

때 내가 되고자 했으나, 되지 못했던 가난한 배낭여행자의 모습이었다. 나는 보자마자 그녀가 마음에 들었다. 그녀의 크로스백에는 고흐의 〈별이 빛나는 밤〉이 프린트되어 있었다. 고흐의 그림 속 빛나는 별 같았던 그녀는 일부러 지도 없이 외출하고는 길을 잃었다가 집에 돌아와 그날 있었던 일들을 나에게 조곤조곤 들려주었다. 그녀의 모험담을 들으면 기꺼이 방 한구석과 여분의 침대를 내어주고 싶어졌다. 나는 정성껏 아침을 차려주며 그녀의 하루를 축복해주었다.

그녀는 소울메이트를 찾고 있다고 했다. 남자든 여자든 성별에 관계없이 소울메이트를 만나 평생 서로를 배우고 깊은 대화를 나누며 살고 싶다고 했다. 벌써 후보자가 한 명 있다고도 했다. 나는 갑자기 목소리를 높이며 그 사람을 친구로 간직하라고 했다. 소울메이트는 남편이나 애인이 아니라 친구여야 한다고 힘주어 말했다. 그녀가 웃으며 답했다. 안 그래도 정신적으로는 맞춤하지만 육체적 매력은 별로 없다고. 우리는 같이 웃으며 잔을 부딪쳤다.

나도 소울메이트를 찾아 헤매던 때가 있었지만 살다 보니 그건 욕심인 것 같더라고, 믿지 못하겠지만 그런 것 같다고 말해주었다. 결혼이, 혹은 제도가 사람을 바꿔놓을 수 있다고 말해도 그녀는 믿을 수 없어 했다. 사랑은 변하는 거라고 영

화 대사를 읊어도, 나이가 들면 생각이 바뀔 수도 있다고 강변해도, 보일 듯 보이지 않을 듯 고개를 저으며 그녀는 미소만 지었다.

"I was just like you." (나도 꼭 너 같았어.)

"Everyone says that to me." (다들 그렇게 말해.)

그 순간 그녀에게 나는 어쩔 수 없는 어른이었다. 한때는 지금의 그녀 같았던, 사랑은 변할 수도 있다는 말을 흘려들었던 내가, 아직도 스스로 청춘이라고 생각하는 내가 그녀에게는 어쩔 수 없이 고리타분한 어른일 뿐이었다. 하긴, 나도 그랬다. 나는 경험주의자라고 외치며 조언 따위는 필요 없다고, 내가 다 직접 경험해보겠노라고 세상에 큰소리쳤다. 그녀도 나중에 누군가에게 이렇게 말하겠지. 'I was just like you.' 그러고는 이해할 수 없다는 표정을 되돌려 받겠지.

그녀는 새롭게 발견한 세상에 뛰어들지 못할 수도 있을 것이다. 어쩌면 그녀의 삶은 그녀가 꿈꾸는 대로 펼쳐지지 않을 것이다. 여행을 끝내고 중국으로 돌아가면 좋아하지 않는 공부도 마쳐야 하고, 꿈이라던 유네스코 인턴으로 합격하지 못하면 벌써부터 손자를 기다리며 반드시 중국 남자와 결혼해야 한다는 부모님 밑에서 수많은 불면의 날을 보낼 것이다. 용기를 내 지금처럼 여행을 계속하면 새로운 세상을 누리겠지만 그렇지 못하면 자신이 처한 현실과 새로 알아버린 세상의 간극 사이에서 누구보다 힘들어 할 것이다. 내가 넘어지고 비틀거리며 어렵사리 헤쳐온 그 시간을 그녀도 고스란히 겪을 것이다.

"부모님은 내 배우자로 외국인 남자를 더 싫어할까? 중국인 여자를 더 싫어할까?"라는 그녀의 말에 우리는 또 같이 한바탕 웃었다.

이틀을 모범생처럼 우리 집에서 보내고 그녀는 다시 배낭과 고흐의 그림이 그려진 크로스백을 메고 길을 나섰다. 북쪽으로 돌고래를 보러 간다고 했다. 언제든 우리 집에 다시 와도 좋다고 그녀를 꺼안으며 말해주었다. 하지만 그녀는 여행길에서 더 많은 친구를 사귈 테고 아마 우리 집에 다시 올 일은 없을 것이다. 그녀는 밤하늘의 별처럼 내게 손을 흔들고 새로운 세상을 향해 총총 걸어갔다.

인생은 짧으니 디저트 먼저!

하노만 로드에 '잇 소프트 러브Eat Soft Love'라는 아이스크림 가게가 있었다. 그렇다. 〈먹고 기도하고 사랑하라〉의 변주다. 가게 앞 초록색 나무판에 예쁘게 쓰인 그 글귀가 관광객들의 발걸음을 심심찮게 붙잡았다. 그래, 인생은 짧지. 번역은 아무리 부지런히 해도 부자 되기는 힘들지. 여기에서 돈을 벌 또 다른 방법이 없을까?

우붓에 온 지 1년이 다 되어갈 때였다. 나도 아이도 새로운 생활에 적응해 더없이 편해졌을 무렵, 나는 번역 외에 우붓에서 먹고살 또 다른 방법을 찾고 싶었다. 그즈음 같은 동네에 살던 친구가 내게 이런 제안을 해왔다. 우붓에 사는 한국인들의 터줏대감 역할을 하던 친구의 제안이라 꽤 솔깃했다.

"아리, 제이네가 곧 한국으로 돌아간대요. 혹시 아이스크림 가게 할 생각 있어요?"

"네? 아이스크림 가게요? 그걸 팔고 간대요?"

"네, 오픈한 지 얼마 되지도 않았는데 다 넘기고 간대요. 가격이 좋아요. 관심 있으면 한번 해봐요."

"에이, 저 장사는 못해요."

하지만 얼마 지나지 않아 나는 사장님이 되어 있었다. 내가 인수받은 가게는 요거트 아이스크림과 소프트아이스크림을 기계에서 뽑아 과일과 견과류를 비롯한 각종 토핑을 얹어서 파는 가게였다. 아이스크림 가게의 가장 큰 매력은 가게를 지키지 않아도 된다는 사실이었다. 어차피 발리에서 외국인은 일을 할 수 없었다. 아니, 할 수는 있지만 그 절차가 몹시 복잡했다. 대부분 하면서 안 하는 척했고 관리하는 공무원들도 사정을 알면서 모르는 척했다. 그래서 가게는 직원들에게 지키게 하고 사장인 나는 매일 밤 정산만 하러 가면 된다는 점이, 아무것도 모르면서 덜컥 해보고 싶은 마음을 들게 만들었다.

물론 밤마다 가게에 가서 계산기 두드리기, 직원들 관리하기, 원가를 절감할 수 있는 재료 공급처를 찾아 재료 사다 나르기, 주문 배달이 가능한 재료는 재고가 떨어지기 전에 늦지 않게 재깍 주문하기, 계약 연장을 위해 건물 주인과 좋은 관계 유지하기 등 생각보다 할 일은 많았지만, 처음엔 그 모든 일들이 재미있었다. 가게 인수를 위해 투자한 돈이 엄연히 있었지만, 그 돈은 통장에서 통장으로 바로 넘어가 추상적이었고 매일 몇 푼이라도 따박따박 지갑으로 들어오는 현금은 구체적이어서 신이 났다. 하지만 장사는 아이들 소꿉놀이도 아니고 그런 몇 푼 현금에 좋아할 일이 아니었다.

"정전이다!"

아이와 둘이 살 때 정전은 낭만적인 이벤트였다. 낮에 정전되면 '해가 있는데 무슨 상관이람' 하며 태평했고, 밤에 정전되면 "와, 정전이다. 촛불 켜자! 분위기 있고 좋네. 하늘의 별 좀 봐! 진짜 밝다. 우리 손전등 들고 산책 갈까?" 했던 나다. 그랬던 내가 "정전이라고? 에잇! 오늘 장사 또 망했네. 아이스크림 기계 멈추고, 안에서 아이스크림 녹아 줄줄 새고, 내일 아침에 뜯어서 청소해야 하고… 악! 정전 싫어!"라고 외치게 되었다.

정전은 직원 관리에 비하면 문제도 아니었다. 직원들은 나보다 열심히 일했다. 가게 문 앞에 나가 "마사지!"를 외치는 마사지 가게 아가씨들처럼 "요거트 아이스크림!"을 신나게 외쳤다. 고마운 일이었다. 덕분에 분명 손님이 많았던 것 같은데… 이상하게도 수익은 그만큼 나오지 않았다. 수상해서 CCTV를 들여다보는 날들이 많아졌다. 매일 밤 가게에서 정산한 영수증을 들고 와 CCTV를 틀어놓고 비교했다. 그랬더니… 직원들이 조금 더 비싼 요거트 아이스크림을 팔고 소프트아이스크림을 팔았다고 입력하고 있었다! 상황이 파악된 나는 직원 중 한 명을 불러 채근했다.

"너, 요거트 아이스크림 팔아놓고 왜 소프트아이스크림이라고 입력했어?"

"아니야, 소프트아이스크림 팔았어."

"여기 CCTV 봐봐. 이게 소프트 기계고 이게 요거트 기계인데, 너 지금 여기서 뽑았잖아."

"아, 그게 말야. 내가 가끔 기계를 서로 바꿔주거든. 그날은 그 기계가 소프트아이스크림 기계였어."

"아니잖아! 여기 봐봐. 두 시간 전, 똑같은 기계에서 뽑았는데, 이건 또 요거트네? 하루에도 몇 번씩 기계를 바꾸지는 않을 텐데?"

말문이 막힌 그녀는 엄청나게 큰 눈을 굴리며 나를 쳐다보기만 했다. 기세 좋게 따지긴 했지만 내심 무서웠다. 매일 밤 가게로 그녀를 데리러 오는 그녀의 남편도 생각났다.

'내 남편은 한국에 있는데. 게다가 나는 외국인인데. 가게를 내 이름으로 운영하는 것도 아니고. 가재는 게 편이라고 주인아저씨가 자기 나라 사람 편들어주면 가게 홀라당 넘어가는 거 아니야? 얘가 신고라도 하면 나 강제 출국 당할지도 몰라!'

무서운 상상이 꼬리를 물었다.

'발리 사람들이 이렇게 무서웠나? 참, 얘는 발리 사람

아니지. 내가 자기 애기 생일 선물도 사주고 그랬는데 어떻게 이럴 수 있어!'

생각할수록 분했지만 분한 것보다 무서웠다.

'혹시 밤에 가게 유리창을 깨고 들어와 그 비싼 아이스크림 기계를 들고 도망가 팔아먹어버리지는 않을까?'

터무니없었지만 그런 걱정까지 했다. 해고는 하고 싶은데 그랬다가 무슨 일을 당할지 몰라 두려웠다. 역시 사람을 잘 다루는 것이 모든 사업의 기본이었던가? 뾰족한 답이 보이지 않았던 나는 직원들에게 이제 장사를 그만하겠다고 선언한 뒤 가게 문을 닫아버렸다. 겨우 직원 두 명을 해고하려고 장사를 잠시 접은 것이다. 그렇게 우선 거짓말을 한 직원들을 해고하고 새로운 직원을 구할 생각이었는데, 이번에는 덩그러니 홀로 남은 내가 아는 게 하나도 없었다는 것이 문제였다. 대부분의 일을 직원들에게 일임해버렸던 게 문제였다. 당장에 요거트 아이스크림을 만들기 위한 황금 비율도 몰랐다.

'아, 장사는 아무나 하는 게 아니구나. 나는 정말 그 아무나가 아니구나.'

애먼 땅만 쳤다. 이번에는 믿을 만한 사람에게 소개받아 새로운 직원들을 뽑았다. 마음을 추스르고 재정비를 한 뒤 다시 가게 문을 열었다. 그러나 첫날부터 오 마이 갓! 내가 해고했던 직원 하나가 우리 가게 바로 옆 가게에서 일을 하고 있는 게 아닌가!

'너네 정말 사람 무섭게 왜 그래!'

새로 뽑은 직원들은 가게 앞에 나가서 "아이스크림!"을 외치지 못하는 순둥이들이었다. 딱 주인인 나처럼. 그래서였을까? 아니면 경쟁 업체가 생겼기 때문이었을까? 아이스크림 가게 매상은 점점 떨어졌고 내 마음도 점점 쪼그라들었다.

차라리 변기를 청소할래요

한때 나도 아내가 있었으면 좋겠다고 생각한 적이 있다. 내가 번역을 빨리하지 못하는 건 다 설거지와 청소 때문이라고 생각했다. 그런데 마침내 우붓에서 아내는 아니지만 빨래와 설거지를 대신 해주는 '우렁각시'를 두고 살 수 있게 되었다.

얀띠라는 이름도 예쁜 스무 살 아가씨가 매일 아침 우리 집으로 출근했다. 아무리 월급을 주다지만 하늘하늘 원피스를 입고 출근한 아가씨에게 내가 하기 싫은 집안일을 시킨다는 게 언제나 영 미안하고 어색했다. 하지만 그래야 그녀도 먹고살고 나도 더 열심히 일할 수 있다고 생각하며 그 상황을 애써 받아들였다. 그래도 얀띠가 변기 옆에 쭈그리고 앉아 화장실 바닥을 닦고 있을 때만큼은 마음 편히 앉아 있기가 쉽지 않아 보통은 자리를 비웠다.

얀띠는 손끝이 야무졌다. 아침을 먹고 부엌을 엉망으로 만들어놓아도 밖을 나갔다 돌아오면 그릇이며 냄비며 말끔히 씻겨 가지런히 정리되어 있었다. 옷을 벗어 빨래 바구니에 넣어놓으면 어느새 세탁기와 건조대를 거쳐 옷장에 얌전히 개

켜져 있었다. 머리를 말리면서 머리카락이 온 바닥에 떨어져도 걱정 없었다. 화장실은 늘 뽀송뽀송했고 항상 진흙투성이던 예니의 신발도 며칠에 한 번씩 새로 산 듯 윤이 났다. 김치 냄새 풍기는 냉장고부터 먼지가 다소곳이 세 들어 사는 책장까지, 쥐똥을 치우는 일부터 정원에 물을 주고 잔디를 돌보는 일까지 나는 얀띠의 손길에 점점 길들여졌다.

한번은 얀띠에게 하수구 구멍이 막혀 정체 모를 시커먼 물이 야금야금 넘치는 곳을 보여주며 미안하지만 이것 좀 해결해달라고 한 적이 있다. 안타깝게도 그날 그녀는 하늘하늘한 꽃무늬 시폰 드레스를 입고 왔다. '저 예쁜 원피스에 구정물이 튈 텐데 어쩌나.' 불편한 마음에 나는 꽃무늬 원피스에 구정물이 튀기 전에 평소보다 유난히 서둘러 집을 나섰다.

그런 얀띠에게 어느 날 우리 아이스크림 가게에서 일해보지 않겠냐고 물었다. 얀띠 입장에서는 좀 더 편하게 일하며 돈을 벌 수 있고 내 입장에서는 얀띠에 대한 신뢰가 컸으니 서로 상부상조라고 생각했다. 솔직히 말하면 금발 미남들이 우리 예쁜 얀띠 때문에 아이스크림을 먹으러 오길 바라는 마음도 있었다. 그런데 얀띠의 대답은 내 예상 밖이었다.

"말씀은 고맙지만 괜찮아요."

"왜? 아이스크림 뽑아주고 돈 받고 테이블 닦기만 하

면 되는데? 그게 설거지하고 변기 닦는 일보다 훨씬 낫지 않아?"

얀띠는 예쁘게 웃으며 재차 그래도 아니란다. 얀띠의 대답에 나는 가치관이 뒤흔들렸다. 도대체 왜? 이해할 수 없는 대상을 앞에 두고 나는 고민했다. 과연 얀띠의 선택 기준은 무엇이었을까? 내 머릿속엔 그 답이 없었다.

행복은 내가 원하는 걸 가지는 것이 아니라 내가 이미 가진 것을 즐기는 데 있는 것이라고 누가 그랬던가? 그래서 얀띠는 청소하는 일을 즐기며 행복해했던 것일까? 현재를 받아들이고 지금에 충실해야 한다는 지혜, 내가 책을 파고들며 몸에 새기려고 애쓰던 삶의 태도들을 그들은 태어날 때부터 알고 있어서 그런 것일까?

어쩌면 그저 새로운 도전을 회피하는 스타일인지도 몰랐다. 아니면 전생에 가족도 없이 맨해튼 금융가에서 밤낮없이 일하다 젊은 나이에 요절한 투자 천재였기에 이번 생에는 변기 닦는 삶으로도 만족하는 것일까? 그렇다면 나는? 하고 싶은 일을 다 못해 병날 것 같은 지금의 나는 다음 생에 다시 태어나면 "택시?" 하며 지나가는 사람들에게 여유로운 미소를 짓는 운전사 마데 아저씨가 될까? 아니면 신나게 수다를 떨며 앉아 있다가도 한 번씩 "마사지?"를 외치면서 관광객들에게 팸플릿

을 내미는 풍채 좋은 꼬망 아줌마가 될까? 현재의 삶에 자족하는 이로 태어나면 나의 다음 생은 지금보다 행복할까?

물론 그들도 집에 가면 닭싸움에 정신 팔린 남편이, 고칠 수 없는 병에 걸린 노모가, 대대로 내려오는 땅을 팔아 팔자를 고치려 드는 철없는 아들이 있겠지. 하지만 그들은 남루한 현실도 신의 섭리라 여기며 받아들였다. 삶의 모든 것이 힌두 신을 중심으로 돌아가는 우붓의 사람들에게 그들이 믿는 종교의 울타리는 견고했고 그래서 든든해 보였다. 삶을 공유하는 공동체와 간절한 기도에 응답해주리라 믿는 신이 있어 그들은 더 행복한 것일까? 내게도 그런 울타리가 있었다면 그 안에서 현재의 주어진 삶을 받아들이고 더 행복해했을까?

가만히 생각해보았다. 아니, 나는 그래도 그 울타리를 뛰어넘었을 것 같다. 아무래도 택시를 모는 마데 아저씨도, 손가락 힘 좋은 꼬망 아줌마도 다 취소다. 그래도 아직은 맨해튼 주식 투자자의 삶 쪽이 더 끌리는 걸 보면 나에게는 우붓의 은혜가 한참은 더 부족한가 보다.

나는 오늘이 제일 행복했어!

　사람 사는 일은 어디에서나 비슷한 구석이 있어서 우붓에서도 괜히 이유 없이 피곤하고 우울한 날이 있곤 했다. 그럴 때는 고요히 하루를 마무리하고 일찍 자든가, 아예 술을 잔뜩 마시고 기절하든가 둘 중 하나가 좋다. 그리고 당연히, 대부분 후자를 선택했다. 어차피 울적하고 피곤하니, 컨디션이 좋을 때 술을 마셔 피곤해지는 것보다 덜 억울한 마음 때문이랄까?

　그래서 그날도 아이 밥을 차려주고 맥주병을 땄다. 맛없는 반찬에도 늘 한 그릇 뚝딱 비우는 아이였지만 그날은 특별히 소시지를 삶아주니 신이 나서 배를 채우고 슬슬 내게 놀이를 걸어왔다. 일명 영국 영어 흉내 내기 놀이라고, 말이 놀이지 저 혼자 말하면 나는 깔깔 웃기만 하면 되었다. 심심할 때마다 《해리포터》를 봤던 아이는 내가 생각해도 영국 악센트 흉내를 참 잘 냈다. 영국에 가면 사람들이 다 자기를 영국 사람인 줄 알 거라고, 반에서 자기가 영국 사람 흉내를 제일 잘 낸다고 자랑도 해가면서 말이다. 나는 맥주를 홀짝이며 배를 잡고 깔깔거렸고 아이는 그럴수록 더 신이 나 모노드라마라도 할 기세로 영국식 발음을 흉내 냈다. 나도 한번 따라 해봤지만 영 그 맛이 안 났다. 한 명은 너무 잘한다고, 또 한 명은 너무 못한다고 고삐 풀린 듯 웃는 모녀라니. 맥주 한 잔에 긴장이 풀리니 별것 아닌 것에도 웃음이 터져 나왔다.

그렇게 한참 웃다 지친 상황에서 음악을 틀었다. 당연히 리듬에 맞춰 몸이 들썩였고 아이와 나는 함께 춤을 추었다. 정체를 알 수 없는 막춤을 추다 문득 아이를 쳐다보니 취한 건 난데 아이가 되레 더 흥분해 있었다.

'어머, 뭐가 저렇게 신이 나나? 나중에 커서 술 먹고 다니다가 사고깨나 치겠는걸?'

우붓에서는 동네 사람들이 북적북적 모이기만 하면 음악을 듣고 춤을 추고 놀 만한 분위기가 금방 만들어졌다. 얼큰하게 술에 취하지 않아도 어느새 누군가가 기타를 치고 누군가는 둥을 뜨면 너도나도 노래를 부르고 춤추게 되었다. 그런데 그날 밤은 아이와 나 단둘뿐이었다. 나도 피곤한 상태였고 아이도 아파서 이틀 동안 학교에 못 갔다가 겨우 학교에 다녀온 저녁이었다. 그런데 어쩌다 그런 마법이 일어났는지 모르겠다. 비 온 후의 상쾌함 때문이었을까? 간만에 말갛게 씻긴 공기 때문이었을까? 신나게 놀면서도 눈으로는 틈틈이 시계를

보다가 마침내 때가 되어 말했다.

"자, 이제 샤워하고 자자."

"그래!"

아이는 평소와 달리 조금 더 놀겠다는 반항 없이 순순히 샤워를 하러 욕실에 들어갔다. 충분히 쏟아냈기 때문이겠지. 온전히 순간을 누렸기 때문이겠지. 잠잘 채비를 마친 아이가 침대에 누워 내게 물었다.

"엄마는 우붓에 살면서 언제가 제일 행복한 하루였어?"

"글쎄, 화이트 샌드 비치 놀러 갔을 때? 예니는?"

"니는… 오늘!"

갑자기 마음이 뻐근해졌고 동시에 뿌듯했다. 평소보다 조금 더 웃고 조금 더 몸을 움직였을 뿐인데 아이에게 가장 행복한 하루를 만들어주었다!

사실 너무 많은 날들을 미래를 위해 보냈다. '대학 가면 해야지' 생각하며 10여 년을 무심히 흘려보냈고, '이 책만 끝내면 여행 가야지' 생각하며 하루하루 버텼다. '아이가 조금만 더 크면' 하면서 또 기다렸고, '나중에 우붓에 가면' 하면서 하고 싶은 일의 목록만 적어갔다. 그리고 가장 중요한 오늘은 대충 그리고 우울하게 보냈다. 나만 그랬던 것도 아니고 내 주변의 대다수가 그랬기 때문에 심각성도 잘 못 느꼈다. 우리는 집단적으로 현재를 방기한다. 유치원에 발을 들여놓을 때부터 은퇴할 때까지 현재는 온통 나중으로, 미래로, 뒤덮여버린다.

    이제 그러지 않기로 했다. 어려운 일도 아니었다. 소시지 반찬을 해놓고 맥주 두 병만 사면 된다. 오늘이 가장 행복했다는 아이의 말에 벅찬 감동을 받고 피로와 술기운에 젖은 채 아이 옆에 누웠다. 돌이켜보면 나는 행복하다고 소리 내어 말해본 적이 없었다. 처음 말을 배우듯 아이의 말을 가만히 소리 내어 따라 해보았다. 나도 오늘 참 행복했다고. 아이는 이미 드르렁거리며 곱게 코 고는 소리를 내고 있었다. 나도 나른하게 눈을 감고 깊은 잠 속으로 빠져들었다.

있는 그대로, 네가 되어라

Be gentle. (친절하라.)

Be wise. (지혜로워라.)

Be true. (진실하라.)

And be you. (그리고 네가 되어라.)

Namaste. (나마스테.)

요가 반에서 뽀글뽀글 금발 머리 벡스의 수업을 듣는 날이었다. 저렇게 쉬운 단어들로, 저렇게 짧은 말로 사람의 마음을 뒤흔드는 기술이라니! 요가 지도자 과정에서는 그런 것도 배우는지 벡스의 말에 나는 기꺼이 무너졌다. 내게 꼭 필요한 말을 언젠가 어디에선가 반드시 듣게 되는 마법. 그것이 우붓의 마법인지도 모르겠다. 어쩌면 내 마음이 그 말을 받아들일 준비가 되었던 것인지도 모르지. 우주의 섭리든 우연의 일치든 뭐래도 좋다. 그래서 우붓이 좋고, 우붓을 사랑하는 사람들이 좋고, 그들이 모여 만들어가는 우붓이 좋았으니까.

Be You. (네가 되어라.)

착한 아이가 되어라. 모범생이 되어라. 능력 있는 직원이 되어라. 자상한 아내가 되어라. 좋은 엄마가 되어라. 그 목록이 과연 끝나기나 할까? 심지어 나는 생물학적 한계를 넘어 집안의 아들까지 되어야 했다. 그 많은 말들 중에 '네가 되어라'라는 말은 왜 없었을까? 왜 세상의 어떤 곳에서는 전부 '네가 되어라'라고 하는데 내가 살던 곳에서는 아무도 내게 그런 말을 해주지 않았을까?

여행 가방 없이 작은 핸드백 하나만 메고, 인터넷 사이트에서 만난 지 얼마 안 된 남자와 여행을 떠났던 클라라 벤슨은 《NO BAGGAGE, 여행 가방은 필요 없어》(내가 번역한 책이다!)에서 이렇게 말했다.

> 우리 세대 8천만 구성원들이 전부 과분한 권리를 누리고 있다면, 그건 아마 태어나면서부터 숟가락으로 떠먹여진 문화적 메시지를 너무 철석같이 믿어버렸기 때문인지도 모른다. '넌 특별해! 네 행복을 찾아!'
> _《NO BAGGAGE, 여행 가방은 필요 없어》 (클라라 벤슨 지음, 임현경 옮김, 알에이치코리아, 2016) 중

그렇게 숟가락으로 떠먹여주지는 못할망정, 우리 사회는 누구 하나 특별해질까 전전긍긍하는 사회였다. 모두가 같은 생각을 하고 같은 것을 원하고 같은 목표를 향해 움직이는 것이 자연스러운 사회였다. 클라라가 자신이 특별하다고 믿었지만 삶이 예상대로 펼쳐지지 않아 좌절했다면, 나는 그런 믿음조차 가져보지 못했다. 그녀가 자신에 대한 믿음을 강력히 주입하는 사회의 부작용으로 무너졌다면 나는 그것의 결핍으로 무너졌다. 클라라가 자란 곳과 달리 내가 자란 동양의 작은 나라에서는 개인보다 공동체에 기여할 사람을 원했다. 개성을 버리고 잘 들어맞는 톱니가 되길 원하는 사회였다. 나 자신이 되는 것 따위에는 관심 없는 사회였다. 안타깝지만 나라를, 시대를 잘못 타고났다. 아니, 여자로 태어난 것부터가 잘못인가? 할머니는 나를 볼 때마다 내 손을 꼭 붙잡고 이렇게 말씀하셨다.

"아이고, 우리 손녀 왔는가. 네가 느그 집에서 아들 노릇 해야 헌다잉. 느그 집에선 네가 아들이다잉."

처음엔 쭈글쭈글한 할머니 손에 잡힌 내 손을 빼내고만 싶었다. 나이가 들고 그 말뜻을 이해할 즈음에는 어색한 웃음만 지었고, 다행히 내가 뭐라고 대꾸할 수 있는 나이가 되기 전에 할머니는 그 말씀을 그만두셨다. 어쩌면 '저놈은 아들 노릇 할 그릇이 아닌가 보다' 하고 포기하셨는지도 모르고. 박준

시인의 말대로 대부분의 말은 사람의 입에서 태어났다가 귀에서 죽지만 어떤 말들은 죽지 않고 사람의 마음속으로 들어가 살아남는다. 살아남은 할머니의 말은 아무래도 낫지 않는 상처가 되었고, 아물지 않은 상처에서는 오래도록 고름이 흘러내렸다.

나는 '그래, 결심했어! 집안의 기둥이 되자!'라고 다짐하기는커녕 하루빨리 집을 떠나고만 싶었다. 상처는 내내 축축했다. 벌어진 상처 틈으로 내 정체성이 빠져나가고 여성성이 흘러내렸다. 나는 톰보이가 되었다. 아름답게 꾸미는 것은 시간 낭비라고 생각했다. 아름다움보다 더 큰 삶의 의미를 찾자고, 여자보다 한 명의 인간으로 살자고 생각했다. 바보처럼 그것이 양자택일의 문제인 줄로만 알았다.

벡스의 주특기는 연꽃 무드라 Mudra. 무드라는 호흡이나 명상, 요가를 할 때 몸에 흐르는 기를 잘 느낄 수 있도록 도와주는 손의 모양이나 위치를 뜻한다.

"자, 두 손을 가슴 앞에 모읍니다. 들이쉬고 내쉬고 자연스럽게 호흡하세요. 이제 엄지와 새끼손가락만 붙이고 나머지는 활짝 폅니다. 꽃이 활짝 피었습니다. 내 안의 에너지를 느껴보세요. 단전에서부터 올라오는 깊고 강한 에너지가 꽃을 피

움니다. 그 꽃을 머리 위로 들어 올립니다. 활짝 핀 꽃의 기운을 느껴보세요."

고요했다. 눈을 감으니 조용히 들고나는 내 호흡과 나만 존재했다. 맞닿은 엄지와 새끼손가락의 감각, 머리 위에 핀 꽃. 그래, 꽃이 피었다. 내 손에서도 피었지만, 그 순간 내 안의 씨앗도 꽃을 피웠다. 늘 아직이라고, 부족하다고, 씨앗일 뿐이라고 생각했는데 나는 이미 활짝 핀 꽃이었다. 물컹한 아랫배에서 뜨거운 것이 올라와 가슴을 데우고 머리 위 활짝 핀 꽃으로 올라가다가 두 눈을 타고 흘러내렸다. 눈물에도 온도가 있다. 하품할 때 나오는 눈물이나 드라마를 보며 흘리는 눈물에 비하면 저 깊은 곳에서 왈칵 쏟아지는 눈물은 처음부터 뜨거웠다.

'아, 나는 이미 꽃이었구나. 씨앗도 아니고 봉오리도 아닌, 벌써 아름답게 피어 있는 꽃이었구나.'

지그시 감은 두 눈, 머리 위의 꽃 한 송이, 뜨거운 가슴과 그만큼 뜨거운 눈물. 고요했던 그 순간, 나는 활짝 핀 한 송이 꽃이었다. 시공간이 흐려졌다.

희뿌연 시공간 속에서 나는 로마의 성 바오로 대성당 십자가 앞에 앉아 있었다. 두 손을 모으고 두 눈을 감은 채 관광객들 틈에서 갓 세 돌이 지난 아이를 옆에 두고 바닥에 앉아 울고 있었다. 그 서른여섯 달 동안 아이는 예뻤지만 육아에 협조할 시간이 없는 남편은 견디기 힘들었고 나는 없었다. 하고 싶은 건 많았지만 할 수 있는 건 없었다. 그런 내 삶이 우울해서, 내 삶에 불행이 너무 많아서, 그래서 아이한테 내 불행을 전염시키고 있는 것만 같아서 힘들었다. 놓쳐버린 꿈들과 어긋난 채 이만큼 흘러와버린 인생에 억울해하며 하루를 꾸역꾸역 살았다. 피어보지도 못하고 져버린 것 같은 내 인생이 안타까워 종종 울었다.

아이와 함께 한 이탈리아 여행은 눈물이 흘러넘치던 그간의 내 삶에 한 줄기 빛 같았던 모험이었다. 아이를 어르고 달래며 열두 시간 동안 비행기를 타고 날아가 십자가 앞에 무릎 꿇으니 그 순간 감사한 마음이 들었다. 그토록 오고 싶었던 로마에 올 수 있어 감사했고 옆에서 까르르 웃으며 가끔 나를 미소 짓게 만드는 아이의 존재도 감사했다. 삶은 모르는 것투성이었고 한 치 앞도 안 보였지만 그래도, 아니 그래서 감사했다. 바닥부터 시작할 수 있어서, 처음부터 꽃이 아니라 세상을 품고 있는 씨앗이어서 감사하다고 기도했다. 언젠가 활짝 필 것이라고, 씨앗이 꽃을 피우는 그 과정이 삶이므로 그 과정을 온전히 누리는 것이 처음부터 활짝 핀 꽃인 삶보다 더 축복받은 삶이라고, 그래서 감사하다고 기도했다. 화려한 스테인드글라

스를 통과한 한 줄기 빛이 부드럽게 우리를 감쌌다.

"자, 이제 두 눈을 뜨세요."

벡스의 말에도 나는 계속 눈을 감고 있었다. 내 안의 활짝 핀 꽃을 느끼고 싶었다. 계속 꽃이고 싶었다. 눈을 뜨면 갑자기 시들어버릴까, 바람에 날아가버릴까 두려워 두 눈을 꼭 감고 있었다. 수업은 이내 마무리되었고 옆에서 주섬주섬 요가 매트를 정리하는 소리가 들렸다. 눈을 뜨기 전에 다시 한 번 다짐했다. 잊지 말자고. 넌 이미 꽃이라고.

그 꽃을 피우기까지 5년이 걸렸다. 아주 오래오래 천천히 조금씩 꽃잎을 벌리다가 드디어 만개했다. 씨앗일 때도 감사했지만 꽃으로 핀 순간 더 감사하고 충만했다. 아니, 어쩌면 나는 처음부터 꽃이었는지도 몰랐다.

네가 되어라.
네가 바로 꽃이다.

어쩌면 나는 이 말을 듣기 위해 우붓에 왔는지도 모른다. 뜨거운 눈물을 닦고 밖으로 나오니 눈물만큼 뜨거운 해가 중천에 떠 있었고 요가 반 구석에 꽃들이 피어 있었다. 더 예쁜 꽃 덜 예쁜 꽃 구분 없이 저마다 제자리에서, 참 예뻤다.

PART 3

가족의
재탄생

2014년 겨울 ~ 2016년 봄

안식의 끝

2013년 봄, 가족을 떠나보내고 한국에 혼자 남은 그는 정신없이 일했다. 그 생활이 종종 힘에 부치는 듯했다. 그러다 그해 말, 두 달의 통 큰 휴가를 짜내 우붓으로 왔다. 우리는 그렇게 잠시, 새로운 공간에서 함께 살아보며 새로운 삶을 가늠했다. 그는 지금껏 살던 방식에서 약간 방향을 틀어도 괜찮을 수 있다는 가능성의 싹을 틔우고 돌아갔다. 그 결과, 우리는 기러기 생활을 청산하고 다시 한 지붕 아래 살게 되었다. 가족의 재탄생. 내가 먼저 우붓에 자리를 잡은 지 2년이 다 되어갈 즈음이었다.

한번 마음먹으니 일 처리는 금방이었다. 다 같이 한국으로 가 그나마 남아 있던 짐을 정리했다. 2주 만에 전셋집을 뺐고, 헐값에 차를 팔았고, 집 안 구석구석의 묵은 물건들도 처분했다. 정신없이 사들였던 아이의 책은 사촌 동생과 어린이집 친구들에게 팔기도 하고 나눠주기도 했다. 다들 우리 집으로 차를 몰고 와 한가득 짐을 싣고 떠났다. 손을 흔들며 그들을 배웅하는데 속이 다 시원했다. 어깨에 얹혀 있던 돌멩이가 모래처럼 가벼워졌다.

그해 한국의 겨울엔 눈이 지겨울 정도로 와 쌓이고 또 쌓였다. 흰 눈에 파묻힌 차들이 느릿느릿 움직였고 잔뜩 껴입어 비대해진 사람들이 뒤뚱뒤뚱 거리를 걸었다. 아파트 16층 창밖으로 바라보는 눈은 내린다기보다 춤을 추며 하늘로 올라가는 것 같았다. 그러다 소리 없이 창문에 달라붙어 흔적 없이 사라졌다. 열대의 열기에 익숙해져 어느새 낯설어져버린 추위에 어깨를 웅크리고 종종거리며 바삐 돌아다닌 겨울이었다. 대부분의 물건은 정리하고 미련이 남아 끝내 처분하지 못한 책 열두 박스만 우체국에 가서 미리 우붓으로 보냈다.

다시 셋이 된 우리는 한동안 분주한 우붓 살이를 했다. 새집을 구해 이사했고 차도 장만했다. 얼마 없는 전 재산을 들고, 온 식구가 우붓에서 아슬아슬 살게 되었다. 언제든 떠날 수 있는 단출한 둘의 일상에서 살림을 끌어안고 정착하는 셋의 삶으로 방향이 바뀌었다. 이제 새로운 질문이 떠올랐다. 이곳에 뿌리를 내릴 것인가? 그가 어디든 뿌리 내리기를 원했다면 나는 언제나 그 뿌리를 뽑아내고 싶어 했다.

그렇게 어쩌면 서로 다른 마음으로, 우붓에 모인 세 가족은 2015년 새해를 맞이했다.

먹고사는 것에 관하여

"우리 냉동고를 사야 하지 않을까?"

어느 날 문득 그가 말했다.

"냉동고? 그래, 있으면 좋긴 하겠지."

아이와 둘이서만 살 때는 이웃집의 세탁기도 빌려 썼지만 꼭 필요해 한국에서 가져왔는데 보관이 어려운 냉동식품은 이웃집 냉동고에 보관하기도 했다. 그러나 그건 식구가 둘일 때의 이야기지, 셋이 되고 나서도 남의 집 세탁기와 냉동고 신세를 지는 건 조금 민망한 일이었다.

둘에서 셋이 되면서 방은 한 칸에서 두 칸이 되었고 그에 맞춰 가구와 살림이 많아졌다. 특히 부엌살림이 늘었다. 그중에서도 가장 무거운 품목은 바로 냉동고. 오랫동안 먹을 음식을 한가득 보관하는 냉동고는 내게 안정과 정착의 상징이었다. 거실 한구석에 윙윙 돌아가는 냉동고가 있다는 말은 훌훌 털어버리고 떠나기 힘든 상태가 되었음을 뜻했다. 물론 우붓에서 사는 것은 좋았다. 평생이라도 살 수 있을 것 같았다. 다만 무겁게는 살고 싶지 않았다.

거실 한 켠을 차지한 육중한 냉동고를 보며 나는 결혼을 둘러싼 우리의 자세와 부모 세대가 물려준, 냉동고처럼 굳건한 편견들에 대해 생각했다. 떠나기 전에 나를 불편하게 했던, 여전히 해결하지 못한 문제들이 다시 눈앞에 떨어졌다. 이제는 해결할 수 있을까? 먹고사는 문제가 다시 복잡해졌다. 엄마로서 아이를 챙겨 먹여 키우는 일은 당연했으나, 가족 전체의 밥상을 차리는 것은 내게 당연하지 않았으므로.

     요리에 관심 없는 나와 달리 남편은 요리를 제법 좋아했다. 특히 내가 싫어해서 잘 하지 않는 고기 요리는 늘 그의 담당이었다. 제육볶음 정도는 눈감고도 뚝딱 만들어냈고 닭백숙도 수준급이었으며 손님을 초대하면 그는 늘 요리사가 되었다. 하지만 한 번의 이벤트와 지리한 일상은 엄연히 다르다. 문득 요리하고 싶은 신나는 마음과 꼬박꼬박 돌아오는 끼니 해결은 달라도 한참 달랐다. 그는 이벤트의 주인공은 기꺼이 맡았을지 모르나 매일의 끼니를 챙기는 일은 대부분 내 몫이었다.

     나는 결혼을 하고 나서야 밥상을 처음 차려보았다. 하지만 알콩달콩 함께 밥상 차리는 재미를 볼 새도 없이 아이가 덜컥 생긴 신혼부부는 각자의 눈앞에 놓인 일들을 처리하는 것만으로도 몸과 마음이 바빴다. 나는 아이를 안고 동동거리며 퇴근하는 남편만 기다렸다. 하루 종일 갓난쟁이를 돌보다가 퇴근한 남편을 위해 제때 상을 차려내는 것은 내게 우주 탐험만큼 어려운 일이었다. 한편으로는 부당한 일이기도 했다. 목청이 쉴 정도로 종일 강의를 하고 돌아오는 그의 수고를 모르지는 않았다. 그러나 목도 가누지 못하는 갓난아이를 종일 돌보는 게 다 큰 아이들을 가르치는 일보다 더 어려운 노동이라고 생각했다. 퇴근하고 돌아온 남편이 오히려 내 저녁을 챙겨줬으면 했다. 그래야 한 끼라도 제대로 먹을 수 있었으니까.

  그러나 현실은 내 생각과 달랐다. 그는 그대로 일하고 돌아왔을 때 밥상이 차려져 있길 원했다. 그렇게 결혼생활의 처음부터, 가장 기본적인 먹는 일에서부터 우리는 삐걱거렸다. 시간이 지나고 아이는 어린이집으로, 우리는 둘 다 각자의 일터로 나가게 되었다. 그렇다면 이제 누가 밥상을 차려야 하는가? 여자인 내가? 아니, 그보다 돈을 덜 버는 내가? 첫 번째 물음에 대한 답은 '아니오'였지만 두 번째 물음에 대한 답은 한동안 찾지 못했다.

  그러다 우연히 어떤 글을 읽었다. 요지는 이랬다. 우리는 모두 독립된 개인이다. 결혼을 해도 개인의 독립성은 사라지지 않는다. 아무리 가족이라고 해도 한 명이 다른 한 명의 기본적인 생활을 전부 책임질 필요도 없고, 책임져서도 안 된다. 두 명의 성인은 가족을 이룬 후에도 엄연한 개인으로 존재

해야 하고, 기본 생활을 스스로 꾸려나갈 수 있어야 한다. 그러면서 예를 들었던 개념이 플랫메이트Flatmate였다. 같은 집에 살며 함께 함으로써 힘이 되고 즐겁지만 자신의 생활은 자신이 꾸려가는 관계. 이 관계에서는 돈을 많이 버는 구성원이라고 해서 집안일에서 제외되지 않는다. 버는 돈의 양에 상관없이 자신의 일은 스스로, 공동의 일은 공평하게 나누어 한다.

   결혼 전, 공간을 공유하는 싱글들의 생활이 그러해야 한다는 데에는 누구나 공감한다. 반면에 결혼 후에도 그래야 한다는 주장은 우리 사회에서 힘을 얻지 못한다. 하지만 왜 우리는 결혼생활에서 그와 같은 그림을 그리지 못하는가? 독립된 두 개인의 생활에 결혼이라는 제도가 개입된다고 해서 이야기가 달라져서는 안 된다. 맞벌이를 해도 누구는 집에 돌아와 소파에 자연스럽게 눕고 누구는 부엌으로 종종 달려가는 일은 생기지 않아야 한다. 물론 우리의 결혼생활에는 그것 말고도 개입되는 문제들이 너무 많다. 서로의 가족, 끈질긴 가부장제, 공평하게 가사와 육아를 나눌 여유를 허락하지 않는 한국의 직장 문화까지.

   다시 셋이 된 우붓에서, 육아는 한국에서보다 한결 수월했다. 다만 밥때만 되면 여전히 불편했다. 둘 다 틈틈이 일하는 상황에서 누가 부엌으로 가느냐 하는 문제로 한국에 살 때처럼 신경전을 벌였다. 그러다 우리가 도달한 최선은 식사 준비를 할 수 있는 사람이 혹은 먹고 싶은 메뉴가 확실한 사람이 밥상을 차리는 것이었다.

나는 여기에서 한 걸음 더 나아간 부엌 풍경을 꿈꿨다. 그는 자기가 좋아하는 고기 요리를 하고 나는 내가 좋아하는 샌드위치를 만든다. 따로 또 같이 요리하면서 도란도란 이야기를 나누고 각자 만든 음식을 사이좋게 먹는다. 설거지는 게임을 해 당번을 정할 수도 있겠지. 그 누구도 밥상을 차리고 치우는 일에 구속당하지 않는 그런 생활에 가닿고 싶었다. 누군가는 힘이 빠져 쓰러질 때까지 일을 해야 하고, 그래서 손 하나 까딱할 수 없는 상태로 집에 돌아와 누군가 밥을 차려주지 않으면 라면 봉지를 뜯어야 하는 상황이 우붓에서는 없길 바랐다. 남편과 아내 모두 독립된 개인이 되어 어느 것 하나 상대방에게 온전히 의존하지 않고, 일과 삶의 균형을 잡아 자신을 스스로 돌볼 수 있는 그런 삶을 원했다. 그 새로운 삶이 여기에서는 가능할까? 셋이 된 이후, 나는 그 질문을 자주 되뇌었다.

백발에도 춤을 추는 할머니가 되고 싶어

언젠가부터 몸을 원하는 대로 움직이고 쓰는 사람들에게 매료되었다. 뒤풀이 자리에서, 클럽에서, 무대에서 그런 사람들을 보면 넋을 잃고 빠져들었다. 음악과 하나가 되어 움직이는 사람들, 팔다리의 모든 움직임이 물 흐르듯 자연스러운 사람들이 부러웠다. 자기 몸을 아끼고 가꾸고 단련하는 사람들에 대한 신기함을 넘어 그들을 동경하게 되었다. 탈춤이든, 율동이든, 현대무용이든, 재즈 발레든 장르는 상관없었다. 몸과 음악이 섞여 만드는 춤, 힘찬 도약과 사뿐한 착지, 아름다운 회전과 날렵한 멈춤, 그 모든 움직임에 빨려 들었다. 그들처럼 되고 싶었다. 춤을 추고 싶었다. 살면서 언젠가는 나도 그들이 해내는 동작을 조금이라도 비슷하게 해내고 싶었다.

처음 춤을 배운 곳은 래디언틀리 얼라이브 요가 스튜디오Radiantly Alive Yoga Studio였다. 요가 반의 규모에는 못 미치지만 우붓에서 세 손가락 안에 손꼽히는 요가 스튜디오다. 뭐든 할 수 있을 것 같았던 우붓에 와놓고도 춤을 추고 싶다던 꿈은 어느덧 번역 일과 육아에 밀려 머릿속에서 희미해져가고 있었다. 그 무렵, 래디언틀리 얼라이브 요가 스튜디오에 살사 수업이 새로 생긴다는 광고가 눈에 띄었다. '아, 맞다. 나 춤추고 싶었지!' 그렇게 잊고 있었던 꿈을 다시 들춰보고서도 선뜻 용기가 안 나 그로부터 1년쯤 뜸을 더 들였다.

첫 수업의 긴장이 아직도 생생하다. 수업 시간이 다가올수록 정신이 혼미해지며 뭘 해도 손에 잡히지 않았다. 이미 괜한 핑계로 수업 듣기를 한 번 미룬 후였다. 뭔가 새로운 것을 시작할 때, 특히 예전부터 내 능력 밖이라고 규정지어버렸던 일에 그래도 한번 도전해보려고 할 때마다 늘 긴장이 되었다. 안절부절못하는 사이, 당장 일어서지 않으면 또 수업을 놓치게 될 시간이 되었다. 이번에도 가지 않으면 영영 춤을 못 추게 될 것 같았다. 비가 한두 방울씩 떨어지는데도 우선 오토바이 열쇠를 들고 헬멧을 썼다. 비옷도 입지 않고 시동을 걸었다.

처음 교실에 들어선 순간, 서먹함이 훅 끼쳤다. 내가 제일 싫어하는 순간이었다. 신입 수강생을 환대하는 살가운 인사와 어색한 눈길들이 스치듯 부딪쳤다. 괜히 아무렇지도 않은 척 핸드폰만 들여다봤다. 수업 시작 전의 그 몇 분이 그렇게 길었다. 짧지만 긴 순간이 지나고 마침내 수업이 시작되었다. 그런데 막상 시작해보니 별일이 아니었다. 처음으로 원 투 쓰리 스텝을 밟기 시작했을 때 여길 오길 잘했다는 생각이

들었다. 어렵지 않은 기본 스텝에 발이 익숙해질 무렵에는 종일 왜 그렇게 긴장했나 싶을 만큼 마음이 편해져 있었다. 비 온 후라 교실이 습해서 조금만 몸을 움직여도 평소 같지 않게 땀이 줄줄 흘렀다. 그동안 쌓인 긴장이 모조리 땀으로 새어 나오는 것 같았다.

그냥 그렇게 시작하면 될 일이었다. 그뿐이었다. 그런데 나는 해보기도 전에 왜 그렇게 겁을 먹었을까? 왜 그렇게 긴장을 했을까? 그것은 아마도 나는 춤은 못 추는 사람이라는 자기규정에서 벗어나는 일이었기 때문일 것이다. 내가 원하는 모습을 현실의 내 모습이 쫓아가지 못할 때, 이상과 현실의 엇갈림을 인성하고 싶지 않지만 인정해야만 하는 고달픔이 두려웠기 때문일 것이다. 그럼에도 불구하고 오랫동안 품었던 꿈이었으니 대충 아무렇게나 시작했다가 금방 포기하고 싶지 않았기 때문이리라. 가볍게 해보고 말 일이 아니라 오랜 꿈 하나를 실현하는 일이었기 때문이리라. 그렇게 시작한 춤이었다.

첫 살사 수업을 받던 날의 교실 풍경도 잊을 수가 없다. 중국 영화의 조폭 조무래기 중 한 명으로 화면 구석에서 각 잡고 고개를 숙이고 있거나 껄렁하게 담배를 피우고 있을 것 같이 생긴 건장한 체격의 까까머리 남자와 조그만 비닐봉지에서 과자를 꺼내 우적우적 씹으며 표정 없이 창밖을 내다보던 금발의 남자가 기억난다. 외모는 동양인이나 서양의 문화가 몸에 밴 깔끔한 차림의 남자가 뒤늦게 들어오던 장면도 떠오른다. 그리고 우붓 어디에서나 볼 수 있을 법한 평범한 외양이지만 몸놀림은 예사롭지 않았던 살사 선생님 아궁의 모습도. 그 남자들 넷과 그보다 두 배나 많은 여자들 틈에 끼어 나는 살사의 기본 스텝을 배웠다. 원 투 쓰리, 파이브 식스 세븐. 원 투 쓰리, 파이브 식스 세븐.

아궁은 첫 시간부터 기본 스텝과 각종 턴을 가르쳐주어 우리의 손발을 따로 놀게 만들었다. 또 짝을 지어 춤을 추게 해 어색한 눈빛을 주고받으며 음악에 맞춰 허둥대게 만들었다. 조폭 같던 남자는 배우는 게 약간 느렸지만 잘 배우려는 표정에 순수함이 어려 있었다. 과자를 먹던 청년은 손을 잡고 마주 선 채 바라보니 캥거루가 그려진 귀여운 티셔츠를 입고 있었다. 그 역시 시간이 갈수록 무표정한 얼굴에 미소를 띠우며 고립된 분위기에서 차츰 벗어났다. 깔끔한 차림의 남자와도 파트너가 되어 손을 맞잡고 원 투 쓰리 기본 스텝만 밟으며 춤을 췄는데 초보인 내가 봐도 처음 배우는 솜씨가 아님을 알 수 있었다. 아니나 다를까. 그는 쉬는 시간에 음악을 틀어달라더니 함께 온 애인과 흉내 내기도 힘든 스텝을 마구 밟아댔다. 천장에 선풍기가 돌아가고 있었지만 다들 땀을 뚝뚝 흘려댔고, 교실은 건강한 열기로 가득했다.

　　　그날 이후로 춤추고 싶다는 막연했던 꿈에, 몸을 움직이며 살아가고 싶다던 꿈에, 초고속으로 살이 붙었다. 나는 더욱 구체적인 꿈을 꾸기 시작했다. 잘 추든 못 추든 음악이 흐를 때 주저하지 않는 사람이 되어야지. 머리로만 차갑게 살지 않고 온몸으로 뜨겁게 살아야지. 삶이라는 음악에 깊숙이 풍덩 뛰어들어서 때로는 우아하게, 때로는 관능적으로 살아야지. 그러다 먼 훗날 호호 할머니가 되면 쿠바로 건너가 시가를 멋지게 피우는 백발의 할아버지와 해변에서 살사를 춰야지.

운전대는 위험하다

우붓은 작은 시골 마을이라 길이 좁다. 공항이 있는 덴파사르나 그 근방의 쿠타 쪽은 그나마 도로 사정이 낫지만 발리 북쪽으로 올라갈수록 길은 확연히 좁아진다. 2차선이 넘는 도로가 없을 뿐만 아니라 그 2차선이라는 것도 한국의 1차선 도로보다 조금 넓은 길에 중앙선이 그어져 있는 꼴이다. 중앙선을 사이에 두고 마주 달리는 차들의 사이드미러 간격은 고작 1밀리미터. 그래서 우붓의 운전사들은 운전의 달인이다.

물론 우붓에서도 몽키 포레스트 로드나 하노만 로드 같은 중심가는 다른 데보다 길이 약간 넓은 편이지만 중심가답게 여기저기에서 끼어드는 오토바이와 거대한 관광버스, 몰려드는 차들로 운전이 쉽지 않은 건 마찬가지다. 그런 열악한 도로 상황에서도 앞 차가 게으름을 피우면 당당하게 추월한다. 그것도 진행 차선을 살짝 바꾸는 게 아니라 중앙선을 넘어서!

우붓 중심가를 벗어나 한적한 마을 깊숙이 들어가면 차 한 대가 겨우 지나가기에 적절한 폭의 도로에 당당하게 중앙선이 그어져 있기도 했다. 그런 길에서 마주오는 차를 발견하기라도 하면 옆의 논두렁에 빠지지 않을 만큼 최대한 길가에 바짝 붙어 웅크렸다가 차례로 지나가야 한다. 그래서 우붓에서 운전을 하려면 고도의 운전 능력이 필요하다. 그뿐만이 아니다. 골목 여기저기에서 갑자기 튀어나오는 오토바이, 발도 닿지 않는 어른 자전거에 올라 태연히 찻길을 달리는 동네 아이들도 조심해야 한다. 밤중에는 도로 한가운데에서 곤히 자고 있는 개들도 깨워 지나가야 하며, 어떤 때는 엄마 닭의 뒤를 졸졸 따르는 병아리들에게까지 넓은 마음을 베풀어야 한다.

오토바이만 타고 다닐 때는 이런 사정들이야 남의 일 같기만 했다. 그러나 이제 상황이 달라졌다. 그가 오고 나서는 우리도 차를 장만했기 때문이다. 기동력이 생긴 그는 일을 시작했다. 나는 그가 조금 더 쉬면서 휴식의 리듬을 몸에 익히길 바랐지만 그는 한국에서 우붓까지 가져온 불안함을 떨치지 못하고 덜컥 일을 시작했다. 말리고 싶었으나 그런다고 해서 그가 일을 그만둘 것 같지 않았다.

일을 시작함과 동시에 그의 투덜댐도 시작되었다. 발리 사람들은 밤만 되면 헤드라이트를 정면으로 쏘며 길을 달렸다. 길이 좁아 그랬는지 분명 반대편 차선의 불빛인데도 바로 앞에서 쏘아대는 것 같은 쨍한 빛이 눈을 피곤하게 했다. 날마다 야간 운전을 해야 했던 그는 언제나 피로를 호소했다.

"우리 이사 가자. 여기서 운전하고 다니는 거 너무 힘들고 피곤해."

"난 우붓이 좋은데. 예니 학교도 마음에 들고."

"날마다 일하러 다니는 게 너무 힘들어서 그래."

"그래, 이해해. 그래도 이렇게 불쑥 가기는 좀 그래. 이번 학년만 끝나면 이사 가는 게 어때? 아니다. 예니가 중학교 가면 어차피 이사 가야 하잖아. 그러니 조금만 더 있다가 쁠랑이 졸업하고 가자. 조금만 더 힘내보자."

이런 대화는 며칠에 한 번씩 그대로 재현되었다. 이번에는 그가 나에게 떠나자고 보챘다. 하지만 나는 우붓을 떠날 준비가 되지 않았다. 내가 심신의 평안을 얻은 이 작은 시골 마을이 그에게는 지루하고 답답한 촌구석일 뿐인 것이 안타까웠다. 우붓의 운전대는 좁은 길에서도 위험했지만, 그에게도, 나에게도 위험했다. 그가 우붓을 사랑하지 못하게 만들었고, 내가 우붓을 떠나야 할지도 모르게 만들었기 때문이다.

두 사람

그는 사람들을 잘 웃겼다. 그는 목소리가 좋았다. 그는 노래를 잘했다. 사랑은 더 많이 사랑하는 사람이 지는 게임이라고 했던가? 나는 처음부터 완전히 패한 게임을 시작했다. 처음엔 그랬다. 나는 대체로 우울한 정조로 지내다가 장마철에 반짝 해 나듯 간혹 웃었다. 늘 지금보다 더 나은 사람이 되어야 한다는 생각에 조급했고, 다른 이들에게도 높은 기준을 들이댔다. 자연스레 관계에 서툴렀다. 삶의 에너지를 담는 배터리의 용량이 작아 자주 방전된다고 느꼈다. 한국에서 젊은 시절 나는 그랬다.

그랬던 내가 우붓에 온 뒤로 훨씬 여유로워졌다. 지금 이대로의 나도 괜찮고 아무것도 되지 않아도 괜찮다고 생각했다. 나를 들여다보고 관찰하고 받아들이는 데 도가 텄다. 나를 무겁게 침잠시키던 내 안의 찌꺼기가 걸러지고 나니 삶이 가벼워졌고 자연스러워졌고 편해졌다. 어떤 가면도 쓰지 않고 내 모습대로 살게 되었고 순간순간 충전이 되어 삶의 에너지를 금방 회복하게 되었다. 충분한 안식과 모험으로 다른 사람이 되

었다고 생각했다. 그렇게 우붓에서 한껏 자랐다고 생각했다.

그러나 독립된 개인으로 성장하는 것과 그에 걸맞게 관계를 꾸려가는 것은 완전히 다른 문제였다. 내가 변한 만큼 그도 변했다. 남편은 떨어졌던 시간만큼 가족에 대한 갈증이 컸다. 그사이 내가 단단한 개인이 되었다면, 그는 그동안 누리지 못했던 가족의 품으로 풍덩 뛰어들고 싶어 했다. 그렇지만 이미 홀로 서버린 나에게 그가 원하는 '알콩달콩'은 한여름의 겨울 외투처럼 버거웠다. 게다가 그는 여전히 같은 레퍼토리로만 웃겼다. 그런 그가 더 이상 재미있지 않았다. 그는 이제 노래를 부르지 않았다. 유튜브만 접속하면 언제든 그보다 더 좋은 목소리를 원하는 만큼 들을 수 있었다. 게임의 판도는 완전히 달라져 있었다.

> (여성들은) 집으로 돌아오면서 다시 한 번 완전히 궤도를 이탈하는 느낌을 겪기도 한다. 이런 방향 상실감은 새로운 감수성을 가지고 이전의 삶으로 되돌아갈 때 생긴다. 그 두 가지를 통합시킬 방법을 모르기 때문이다. (중략) 그 방향 상실은 또, 여성 자신은 이제 강해진 자기 모습을 지키고자 하는데 주변 사람들은 그녀가 이전의 모습 그대로 있기를 원하기 때문에 생긴다. (중략) 변화의 폭이 클 수도 있

고 작을 수도 있다. 그러나 아무런 변화도 겪지 않고 돌아오는 여성은 없다.

_《결혼한 여자 혼자 떠나는 여행, 결혼안식년》 중

    일을 하다가 잠깐 시간이 나면 그는 동네의 한국인 친구들을 따라 골프를 치러 갔다. 그에게 타국의 작은 시골 마을은 오래 머물기에 너무 무료했다. 우붓의 상징이라고 할 만한 요가에도, 내가 한창 빠져들었던 춤에도 그는 전혀 관심이 없었다. 발리에서 골프는 누구나 쉽게 할 수 있는 대중적인 스포츠도 아니었지만 그나마 그가 그곳에서 마음을 붙이고 할 수 있는 취미활동이라고는 그것이 전부였다. 나는 그런 그의 취미를 두고 아무런 잔소리도 하지 않았다. 반면에 내게 살아 있음을 느끼게 해주는 취미를 두고 그는 불편한 기색을 종종 표현했다.

    "바차타는 추지 않았으면 좋겠는데."
    "왜?"
    "그건 야한 춤이잖아!"
    "원래 야한 춤은 없어. 춤은 그냥 춤일 뿐이야."
    "그래도 싫어. 다른 남자들하고 네가 그렇게 춤추는 거 별로야. 남편이 싫어하는 것 좀 안 하면 안 돼?"

"다른 사람이 싫어한다고 내가 좋아하는 걸 포기해?"

"내가 다른 사람이야? 가족이고 남편이잖아! 난 네가 싫다고 하는 일은 안 할 거야. 결혼하면 원래 그렇게 포기하고 사는 것도 생기는 거 아니야?"

"결혼했다고 내가 좋아하는 일을 왜 포기해야 하는데? 가족이면 더 지지해줘야 하는 거 아닌가? 결혼했어도 나는 나고 당신은 당신이야. 왜 내가 좋아한다는 사실보다 당신이 싫어한다는 사실이 더 중요한 기준이 되어야 해? 아빠가 싫어하는 걸 못하면서 자란 딸이 또 남편이 싫어하는 걸 못하며 사는 아내가 되어야 한다고? 왜 여자들 삶은 꼭 그래야 하는데?"

우리는 누구도 쉽게 물러서지 않았다. 나의 지치지 않는 열정과 그의 굳건한 편견은 팽팽히 대립했다. 나의 가장 행복한 순간을 제거해야 우리의 결혼생활이 행복해진다고? 그렇다면 그 안의 나는 과연 무엇인가? 왜 나를 버려야만 관계가 행복해지고 나를 고집하면 관계가 틀어져야 하는가? 왜 우리의 결혼은 고작 한 페이지짜리 얄팍한 책에 머무는가? 왜 평범하지 않은 다른 장면, 다른 이야기, 다른 주인공은 결혼이라는 책에 등장할 수 없는가? 다시 만난 우리는 또다시 그렇게 엇갈리고 있었다.

그는 저렴한 나시 참푸르 집에 가면 이렇게 말했다.

"에이, 진짜 지저분하네. 이걸 어떻게 먹어." 그는 깔끔한 나시 참푸르 집에 가면 이렇게 말했다. "더럽게 비싸네. 맛도 없고." 나는 옆에서 한숨만 쉬었다. 이상했다. 처음 만났을 때 그는 허름한 밥집에서는 "싸고 맛있네"라고 말하고, 조금 비싸긴 해도 번듯한 식당에서는 "깔끔하니 좋네"라고 말하는 사람이었던 것 같은데. 그도 분명 멋진 사람이었다. 한때는 내가 놓치고 싶지 않았던 사람이었다. 변해버린 그를 보며 생각했다. 누구나 잠시 마음이 비뚤어질 때가 있다고. 무엇도 마음에 안 들고, 뭘 해도 불만인 시절이 있다고. 사춘기 때만이 아니라 어른이 되어서도 그럴 수 있다고. 감기 오듯 그냥 그런 시절이 올 수도 있다고. 그는 우붓에서 성장하고 회복한 나와 달리, 이곳에서 그런 시절을 겪고 있는 것뿐인지도 몰랐다.

그런 가운데에서도 아이만은 무럭무럭 영글었다. 하지만 나와 남편의 관계는 생각만큼 빨리 회복되지 않았다. 삐걱거리는 날들이 많아졌다. 한국만 떠나면 모든 일이 잘 풀릴 거라던 기대는 무참히 깨졌다. 여행을 통해, 자기 자리를 떠나는 모험을 통해 더 나은 사람이 되는 일은 어쩌면 모두에게 해당되는 서사는 아니었을지도 모르겠다. 한국에서 나는, 그가 가장이라는 무게에 힘들어서, 가진 것 없이 시작해 기반을 닦느라 힘들어서 삶을 즐기지 못한다고 생각했다. 그래서 그곳이 아니라면 그도 나처럼, 그토록 불안해하지 않고 새로운 미래를 모색하며 함께 성장하면서 삶을 즐길 수 있을 거라고 기대했다. 하지만 우붓의 그를 보며 깨달았다. 그렇지 않은 사람도 있다는 사실을. 어떤 사람은 어디에서든 안정된 생활을 영위하고 먹고사는 것에 대한 걱정이 해결된 다음에라야 모험을 꿈꿀 수 있는지도 몰랐다. 적어도 그는 그러한 듯 보였다.

어쩌면 그동안 나는 그가 나와 결이 완전히 다른 사람이라는 사실을 받아들이고 싶지 않았는지도 몰랐다. 나와는 완전히 다른 타인의 모습도 인정하고 수용하며 함께 살아가는 법을 터득하는 것이 내가 우붓에서 배워야 할 마지막 인생 수업이었던 걸까? 아이는 잠들고 그는 아직 일터에서 돌아오지 않은 밤, 혼자 술잔을 기울이며 책을 읽었다.

두 사람

이제 두 사람은 비를 맞지 않으리라.
서로가 서로에게 지붕이 되어 줄 테니까.
이제 두 사람은 춥지 않으리라.
서로가 서로에게 따뜻함이 될 테니까.
이제 두 사람은 더 이상 외롭지 않으리라.

서로가 서로에게 동행이 될 테니까.

이제 두 사람은 두 개의 몸이지만

두 사람 앞에는 오직

하나의 인생만이 있으리라.

이제 그대들의 집으로 들어가라.

함께 있는 날들 속으로 들어가라.

이 대지 위에서 그대들은

오랫동안 행복하리라.

_《지금 알고 있는 걸 그때도 알았더라면》(류시화 엮음, 열림원, 1998) 중

아파치족 인디언들의 결혼 축시라고 했다. 나는 빈땅이 담긴 맥주잔을 거칠게 내려놓으며 책을 덮어버렸다. 서로의 지붕이 되어주고 따뜻하게 해주는 것도 다 좋단 말이다. 하지만 하나의 인생만 있으라니. 사람이 두 명인데!

평행을 달리던 두 사람의 인생이 결혼으로써 하나로 합쳐질 수도 있다. 그래야 행복한 사람이 있다. 하지만 결혼 이후에도 그대로 평행을 유지해야, 그 거리감이 있어야 행복한 사람도 있다. 또 어떤 이들에게는 점점 멀어지는 것이 서로에게 행복이 될지도 모른다. 나는 결혼생활의 주체인 두 부부가 일정한 거리를 유지하며 평행을 지속하기를 바랐다. '무찌르자

오랑캐' 노래를 부르며 폴짝폴짝 뛰던 고무줄놀이도 나는 한 줄보다 두 줄이 더 쉬웠다. 하지만 그와 내가 한 많은 선택이 모여 우리의 평행선은 점점 멀어지고 있었다. 덮었던 책을 다시 집어 들고 다른 페이지를 폈다.

해답

해답은 없다.
앞으로도 해답이 없을 것이고
지금까지도 해답이 없었다.
이것이 인생의 유일한 해답이다.
_같은 책

그래, 답은 없다. 내 인생에도, 그의 인생에도, 함께 하는 인생에도. 그것만이 유일한 해답이다. 각자 자기만의 답을 찾아야 할 뿐. 지금부터 그 답을 찾는 것이 우리의 몫일 테지. 답을 찾지 못해도 상관없다. 그 답을 찾는 과정이 어쩌면 인생의 전부, 결혼생활의 전부일지도 모르므로.

백기가 펄럭펄럭

드디어 때가 왔다. 문제의 그 아이스크림 가게 일이다. 임대 계약을 연장할 것인가, 이대로 접을 것인가? 고민 끝에 남편도 우붓 생활에 합류했으니 둘의 힘으로 한번 잘 해보자 싶어 기존 계약을 덜컥 2년 더 연장했다. 내친김에 코딱지만 한 가게를, 작지만 분위기 좋은 카페로 변경하자는 야심찬 계획도 세웠다. 요거트 아이스크림과 소프트아이스크림만 팔던 데서 각종 토스트와 커피, 음료를 메뉴에 추가했다. 페인트칠도 다시 하고 테이블과 의자도 새로 들여 가게를 멋지게 꾸몄다. 나름 북카페를 지향하며 집에 있는 책도 가져다 놓았다.

그렇게 의욕은 충만했지만 결과적으로는 판단 착오였다. 아이스크림만 팔 때보다 구비해두어야 할 재료가 월등히 많아졌고 결국 제때 사용하지 못해 버리는 재료도 많아졌다. 원가는 늘고 매출은 줄었다. 역시 내 깜냥으로 장사는 안 된다는 깨달음에 흥미도 곤두박질쳤다.

가장 곤란했던 건 손님들이었다. 가게에 있다가도 누가 들어오면 얼른 가방을 챙겨 도망갔다. 주인인 나한테 뭐라고 할까 봐 괜히 심장이 뛰었다. 커피는 왜 이렇게 맛이 없냐, 야채가 너무 시들었다, 버터는 안 먹는데 왜 빵에 버터를 발랐냐, 주스는 왜 100퍼센트 과즙이 아니냐 등등 손님들이 제기 가능한 불만도 많아졌다. 이런 것도 못하면서 어떻게 장사를 하냐고 뒤에서 흉보지는 않을까, 숙소로 돌아가 저 카페는 절대 가지 말라고 소문내지는 않을까 속수무책으로 걱정만 했다. 그럴수록 가게에 손님들의 발길이 뜸해졌고, 나 역시 가게 일로부터 몸도 마음도 멀어져 갔다. 동시에 모든 카페와 식당의 사장님들이 존경스러워지기 시작했다. 어떻게 그 많은 메뉴를 개발하고, 그 많은 재료를 공수하고, 그 많은 직원을 다루는지, 심지어 그런 가게를 어찌 몇 개씩 굴리는지 경이로웠다.

몇 년간의 이 대책 없던 도전에서 좋았던 점 하나가 있었다면, "우리 엄마, 아이스크림 가게 주인이야!"라고 말하며 자랑스러워하던 아이의 얼굴이었다. 그것만이 아이스크림 가게 운영이 남긴 좋은 추억의 전부였다. 그런데 나중에 책을 읽다 보니 나와 비슷한 사람이 또 있었다! 《우리는 나선으로 걷는다》를 쓴 한수희 작가도 '책과 빵'이라는 카페를 열었던 적이 있었다.

가장 큰 문제는 손님이 문을 열고 들어오면 전혀 반갑지가

않다는 거였다. 마치 내 집에 들어온 낯선 침입자를 보는 것처럼 당황하고 놀라는 일의 연속이었다(정말로 놀라서 꿱 소리를 지른 적도 있다). 그러다 손님이 한 명도 없는 날이면 '이러다 망하지'라는 생각에 머리가 어지러웠다. 나는 정말 장사 같은 걸 할 사람이 아니었다.

_《우리는 나선으로 걷는다》(한수희 지음, 웅진지식하우스, 2017) 중

그녀의 이야기를 읽으며 어찌나 동감했는지 모른다. 나 같은 사람이 또 있었다니! 내가 이상한 게 아니었어! 그래, 장사가 저선에 안 맞는 사람도 있지! 나름대로 야심차게 벌인 일을 씁쓸한 맛만 보고 끝낸 탓에 다소 의기소침했던 나는 그녀의 이야기를 읽으며 가슴을 쓸었다. 그렇다면 그녀는 어떻게 되었을까?

결론부터 말하자면, 나는 1년 6개월 만에 백기를 들었다. 카페의 문을 닫기로 결정한 것이다. 나는 순진했고 무모했고 오만했고 결정적으로 무능했다.

_같은 책

그랬다. 나도 무능했다.

문을 닫기 전에는 꽤 오랜 시간을 고민했지만 결정한 후에는 솔직히 말해 무척 후련해서 날아갈 것 같은 기분이었다. 이렇게 좋은 걸 지금껏 왜 붙잡고 있었나 싶었다.
_같은 책

나도 그녀처럼 결국 백기를 들었다. 막판에는 2년 계약이 끝나는 날만 기다렸다. 결국, 그녀처럼 후련하게 가게 문을 닫았다! '사업가로 거듭나 나도 모르던 내 모습을 발견하고 성공해 우붓에서 뿌리를 내리리라!' 했던 호쾌한 다짐은 산산이 부서져 흔적도 없이 사라졌다. 차라리 가게에 들인 돈을 아껴 쓰면서 그동안 마음 편히 지낼걸. 역시 부자 되는 법에 대한 책을 번역했다고 다 부자가 될 수 있는 건 아니었다. (발리에서 처음 번역했던 책이 바로 부자 되는 법에 대한 책이었다.)

많은 외국인들이 우붓에서 집을 지어 임대하고, 게스트하우스를 운영하고, 요리 실력을 발휘해 식당을 한다. 노트북 하나로 먹고사는 디지털 노마드, 잘 관리한 몸으로 먹고사는 요기, 삶을 치유해준다는 힐러나 코치 등 그 작은 동네에서 어떻게든 먹고살려고 저마다 애를 쓴다. 살고 싶은 곳에 살기 위해 어떻게든 방법을 찾는다. "잠시 여행을 왔는데 너무 좋아서 살고 싶어졌어. 이제부터 방법을 찾아보려고." 그렇게 말하고는 몇 달 후 그 방법을 찾아서 나타났던 사람들. 그리고 삶을 지속해나가던 사람들. 나에게 보이지 않던 그 방법들은 도대체 무엇이었을까?

　　가게를 접고 나니 내가 우붓에서 먹고살기 위해 할 일, 집중해야 할 일이 명확해졌다. 내가 가장 잘할 수 있는 일은 지금껏 내가 해오던 일, 번역이었다. 누군가가 내게 몇 년간의 사업으로 고작 그 사실을 깨달았냐고 말해도 좋다. 세상에는 해보지 않으면 모르는 일, 가보지 않으면 알 수 없는 길도 있는 법이니까. 그때 그렇게 도전해보지 않았더라면 나는 아직까지도 카페 창업이라는 무모한 꿈을 꾸고 있었을지도 모른다.

　　돈과 시간을 들인 나의 새로운 도전은 비록 실패로 끝났지만, 덕분에 나는 스스로에 대해 적어도 한 가지 사실—자영업은 할 수 없는 사람이라는—은 제대로 알게 되었다. 내 능력이 닿지 않는 영역이 있다는 사실 앞에서 나는 더없이 겸손해졌고, 내가 해내지 못하는 지점을 능히 해내는 타인에 대한 이해와 존경심도 깊어졌다.

　　다시, 책상에 앉아 책을 폈다. 한마디 말도 없이 자기 목소리를 내고 있는 활자들을 들여다보고 있으니 가게에 앉아 불쑥 들이닥치는 손님을 맞이할 때보다 훨씬 더 행복했다.

한밤의 재즈카페

어느 정도 춤이 몸에 익자 일주일에 한 번은 재즈카페로 갔다. 지금은 비건 레스토랑으로 바뀐 그곳에서는 수요일 밤마다 라틴 음악이 출렁였다. 예쁘게 차려입은 여인들의 치맛자락이 펄럭였고, 남자들은 현란한 손놀림으로 아리따운 여인들을 리드했다. 라이브 밴드 자리에서 가장 멀리 떨어진 푹신한 소파에는 나이 많은 노부부들이 지나가버린 젊음이 아쉽다는 듯 앞에 놓인 술잔도 잊고 그들을 바라보았다. 무대 근처에서는 춤추다가 잠깐 엉덩이를 붙인 이들이 숨을 골랐고 한 무리의 여행자들 사이에서는 수다가 끊이지 않았다. 한밤의 재즈카페는 춤추는 사람들, 취해가는 사람들, 하루 치의 이야기꽃을 피우는 사람들, 부지런히 춤을 추는 술잔들로 어지러웠다. 한 곡의 화려한 공연이 끝나면 이제 갓 살사를 배운 초보자들도 부끄러운 듯 무대로 나와 스텝을 밟았다.

나도 술의 힘을 빌려 무리에 휩쓸려 춤을 췄다. 음악은 그치지 않았고 사람들은 끊임없이 흔들렸다. 지치지도 않고 웃음이 흘러넘쳤다. 밤이 깊도록 춤만 추고 싶었지만 다음

PART 3 가족의 재탄생

날 아침 일찍 아이의 도시락이라도 싸야 하면 아쉽게 발걸음을 돌렸다. 그럴 때면 빨리 지나가버린 시간이 아까웠고 무대 위에 일찍 뛰어들지 못했던 내 수줍음이 얄미웠다. 후덥지근한 열대의 밤공기에 괜히 성을 내면서도 나도 모르게 샐쭉 웃으며 집으로 돌아왔다. 그리고 간절하게 일주일을 또 기다렸다.

여행자도 거주자도 한데 모여 신나게 춤을 추는 그 밤이 내게는 일주일에 한 번 열리는 신데렐라의 파티였다. 왕자님의 손을 잡고 한 바퀴 휙 턴을 돌면 다른 세상이 펼쳐졌다. 어른, 엄마, 아내, 며느리, 딸, 언니 등 나를 옥죄던 모든 타이틀을 벗어던진 내 영혼의 정수가 빠져나와 자유롭게 한숨 돌리는 시간이었다. 턴을 돌면 돌수록 심장에 자유가 차올랐다. 눈을 쓰리게 만드는 짜디짠 땀을 닦으며 춤을 췄고 자꾸 웃으며 춤을 췄다. 스텝이 꼬여도 웃었고, 미끄러질 뻔해도 웃었고, 춤추다 옆 사람 발에 차여도, 구두로 옆 사람 발을 밟아도 웃었다. 한 번 웃을 때마다 나는 빵빵하게 충전되었다. 그렇게 일주일에 한 번, 삶의 배터리를 충전했다. 배터리가 완충되면 자려고 누워도 입꼬리가 바짝 올라가 있었다.

삶의 배터리를 채우는 방법은 생의 순간마다 늘 달랐다. 대학 입시를 준비하던 시절엔 자율학습 도중 자판기에서 뽑아 마시는 500원짜리 네스카페 한 캔으로, 직장인이었을 때는 퇴근하고 편의점에 들러 집에 가는 길에 우적우적 씹던 감자칩 한 봉으로 방전된 나를 채웠다. 시간이 더 흐른 뒤에는 땀을 뚝뚝 흘리는 아저씨의 삼겹살과 마늘 트림 냄새를 맡으며 러닝머신에서 뛰거나 온갖 요가 자세를 하면서 한 시간 동안 드라마를 보며 충전의 시간을 갖기도 했다. 아이를 낳고 나서는 퇴근한 남편에게 종일 엄마 껌딱지였던 아이를 맡겨놓고 잠시 동네 구멍가게에 가던 그 짧은 순간이 나의 유일한 숨구멍일 때도 있었다. 아이가 조금 더 크고 나서는 아침에 후다닥 집안일을 마치고 번역 일을 시작하기 전에 카페에서 마시는 아메리카노 첫 모금으로 소진된 나를 충전했다.

그 무렵 우붓에서는 수요일 밤마다 재즈카페로 달려가는 일이 일주일 치 배터리를 채우는 나만의 방법이었다. 고작 몇 시간이었지만 그곳에서 하룻밤 충전해온 에너지로 일주일을 끄떡없이 살고도 남았다. 재즈카페에 다녀오고 나면 장을 보면서도 콧노래가 절로 나왔고, 아이가 무슨 짓을 해도 예뻐 보이기만 했다. 아옹다옹하는 게 일상이던 남편에게도 한결 더 다정해졌다. 그렇게 보낸 일주일들이 차곡차곡 쌓여서 몸과 마음이 건강했던 한 시절로 두툼하게 남았다. 지금도 나는 그 시절에 충전한 힘을 야금야금 꺼내서 쓰고 있는 중이다.

우리 모두에게는 자기만의 배터리가 있다. 용량도 제

각각, 충전되는 방식도 모두 다르다. 방전된 자신을 제대로 충전하기 위해서는 내가 어떤 조건에서 제대로 차오르는 사람인지 잘 들여다보는 일이 우선이다. 이 일은 아무도 대신 해주지 않는다. 오직 나만이 할 수 있고, 스스로 해야 한다.

이제 나는 안다. 삶의 에너지가 방전되어 휘청거릴 때 내가 어디로 가야 하는지, 무엇을 해야 하는지를. 지금은 하늘길이 꽉 막혀 움직일 수 없기에 다시 우붓을 찾을 수 있을 때까지 나의 배터리가 잘 버텨주기만 바랄 뿐이다.

비자 달리기

"이번에는 어디로 갈까? 코타키나발루 어때? 선셋이 그렇게 예쁘다던데."

"쿠알라룸푸르는? 이번에는 쇼핑 좀 하고 오자."

"이왕 갈 거 호주 갔다 오자! 퍼스 항공권이 저렴하네."

"그래, 이번에는 싱가포르 말고 다른 데로 가보자!"

이런 대화가 오갔던 건 시간이 많고 돈이 많아서가 아니었다. 어쩔 수 없이 우붓을 떠나야 해서였다. 인도네시아를 출국해서 잠시 다른 곳에 머물렀다가 다시 입국하면서 관광 비자나 사회문화 비자를 받아야 했기 때문이다. 비자 연장을 위한 그런 여행을 '비자 런Visa run'이라고 한다. 우붓에 사는 많은 외국인들에게 비자 연장은 골칫거리다. 돈도 많이 잡아먹는다. 그럼에도 불구하고 저마다 가장 좋다고 생각하는 방법으로 비자 런을 감행하고 어떻게든 그곳에 살기 위해 애를 쓴다.

한국 여권일 경우 인도네시아에서 30일간 무비자 체류가 가능하다. 만일 입국 시 공항에서 30달러짜리 비자를 사면 30일 후 한 번 연장할 수 있다. 이 방법을 쓰면 총 60일 체류가 가능해진다. 인도네시아에 입국하기 전, 한국이나 제3국에서 사회문화 비자를 미리 받아가면 60일 이후부터 30일씩 네 번을 더 연장할 수 있다. 6개월가량 머물 수 있는 것이다. 우리 가족은 6개월에 한 번씩 제3국이나 한국으로 출국해 사회문화 비자를 받고 그 김에 짧은 여행하는 방식으로 우붓에 머물렀다.

"이번에는 잘 넘어가겠지?"

"뭐 하냐고 물으면 그냥 여행한다고 해. 왜 여행을 이리 오래 하냐고 물으면 우붓이 너무 좋아서, 아니, 요가에 미쳐서 그런다고 해. 괜찮아. 잘 넘어갈 거야."

말은 그렇게 했지만 입국심사를 기다릴 때마다, 이민국에 비자를 연장하러 갈 때마다 마음을 졸였다. 근엄한 출입국 관리 직원들은 결국 도장을 찍어줄 거면서도 괜히 무서운 표정으로 이것저것 묻거나 일없이 일행을 사무실에 붙잡아놓기도 했다. 사회문화 비자도 처음엔 괜찮았지만 여권에 비자 스티커가 쌓일수록 이민국에서 여권을 들여다보는 시간도 길어졌다. 긴장하지 않은 척 사롱을 머리에 두른 채 최대한 눈동자를 풀고 우붓에 요가를 하러 간다고 하면, 그들은 도대체 다들 우붓에 가서 뭘 하는지 모르겠다는 표정으로 도장을 쾅 찍어주곤 했다. 그러면 또 마음을 쓸어내리며 6개월 후의 비자 런은 어디로 갈지 행복한 고민을 하면 되었다.

하지만 전 세계적으로 코로나19가 유행하면서 상황은 크게 달라졌다. 어딘가로 훌쩍 떠나는 꿈을 꾸는 것이 낭만도, 사치도 아닌 금기가 된 시절이다. 이렇게 옴짝달싹할 수 없는 시간을 겪으며 되돌아보니, 잊을 만하면 우리의 골치를 썩이던 비자 런도 참으로 행복한 일이었다. 떠나고 싶지만 떠날 수 없는 지금, 때 맞춰 떠나야 할 이유를 제공해주었던 여행을 추억하며 마음을 달래본다.

현재 진행형으로 산다는 것, 산다ing

 국제우편으로 새 책을 받고 번역을 시작하면 처음에는 보통 의욕이 솟구친다. '예정보다 일을 빨리 끝내고 짧은 여행이라도 다녀올까?' 하는 생각도 자연스럽게 든다. 그러다 책의 중간쯤 도달하면 '여행은 무슨, 마감이나 지키면 다행이겠네' 싶으면서 마음이 살짝 다급해진다. 이윽고 마감 날짜가 다가오면 신기한 일이 벌어진다. 원서와 한글 문서를 제외한 다른 모든 것들이 눈에 보이지 않는 신공을 발휘하게 되는 것이다. (눈에 뵈는 게 없다는 말이 무엇을 의미하는지 나는 너무 잘 안다!) 마감을 앞둔 나의 안중에 물이 새는 세면대나 싱크대 밑에서 배를 뒤집고 죽어 있는 바퀴벌레, 개미들이 떼를 지어 달라붙어 있는 쓰레기통 같은 것들은 전혀 들어오지 않았다.

 번역은 내가 가장 잘하는 일이기도 했지만, 작업하는 내내 신나서 한다기보다 툭하면 들썩이는 엉덩이를 진정시키고 달래가며 해야 하는 일이었다. 내가 번역한 글이 책이 되어 나오는 과정은 뿌듯했지만, 번역은 '이 책만 끝내면'이라는 주문으로 모든 즐거운 시간을 뒤로 미루기 쉬운 일이기도 했다.

처음에는 번역가로 빨리 자리를 잡고 싶어 마음이 초조했다. 다른 번역가들보다 작업 속도가 느리다는 조급함도 있었다. 함께 작업실을 쓰던 동료들은 어찌나 속도가 빠른지 집에 숨겨놓은 번역 기계라도 있는 줄 알았다! 아니면 우렁각시가 있거나, 그도 아니라면 아이가 없거나.

그렇게 비교하기 시작하면 남들이 작업하는 책은 전부 재미있어 보이고 내가 맡은 책은 세상에서 가장 지루한 책인 것 같았다. 남들이 어려운 책을 번역하고 있으면 '와, 저런 책은 하고 나면 정말 뿌듯하겠다, 나도 하고 싶다' 생각했고, 남들이 술술 넘어가는 책을 붙잡고 있으면 '왜 나만 늘 어려운 책인가' 투덜댔다. 다음에 작업할 책이 줄 서 있는 동료들을 보면 스케줄이 텅텅 빈 내 다이어리가 괜히 부끄러워졌다. 내 하루의 가치가 그들과의 비교로 상승과 폭락을 반복했다. 그뿐인가? 일이 없을 땐 없다고 걱정했고 일이 있을 땐 다른 일을 하나도 못 하겠다고 입을 내밀었다. 작업하는 두세 달은 곧 죽을 날파리처럼 보냈고, 일이 없는 몇 달은 갑자기 생긴 여유를 어쩔 줄 몰라 윙윙거리며 방황하는 똥파리처럼 보냈다.

하지만 우붓에서의 나는 달랐다. 내가 하루의 주인이자 시간의 주인이었다. 그 땅의 기운 덕분인지 나의 기분 덕분인지 하루가 잘 익은 사과처럼 내 손에 들려 있었다. 비교 대상

이 없으니 마음이 편했다. 내가 번역 일에 더욱 집중할 수 있게 된 더 큰 이유는 바로 나만의 속도가 옳다는 믿음, 나만의 방향이 옳다는 믿음이 생긴 덕분이었다. 남들보다 늦어도 절대 뒤처지는 것이 아니라는 생각, 이런 느린 삶도 괜찮다는 확신, 번역한 책의 목록이 남들만큼 빨리 쌓이지 않아도 내가 그 시간을 충실히 보내고 있다는 안심 덕분이었다. 심지어 여러 가지 이유로 무리라고 생각되는 책은 번역 제안을 거절하기도 했다. 조급한 마음에 일을 덥석 받고 머리를 쥐어뜯기보다는 나를 둘러싼 상황을 두루 살피고, 할 수 없을 것 같으면 과감히 포기할 줄 알게 되었다. 일이 없어도 불안해하지 않고 그동안 나를 돌보거나 가족과 더 시간을 보냈다. 일이 있으면 일을 해서 좋았고 일이 없으면 우붓을 즐길 수 있어서 좋았다.

그 무렵, 낮에는 아이를 돌보거나 카페에서 번역을 했고 저녁을 먹은 뒤에는 일하러 간 남편이 돌아오기를 기다리거나 가끔 밤하늘을 보며 술을 마시거나 오토바이를 타고 춤을 추러 갔다. 단순하지만 규칙적인 일상이 자리를 잡았다. 가족과 가까운 이웃들로만 꾸려진 생활 가운데에서 나를 충분히 돌보면서 일하니 쓸데없는 걱정이 줄었다. 집중력이 좋아졌다. 스트레스도 치즈 케이크 한 조각이면 금방 풀렸다. 이웃들과 툭하면 어울려서 마시는 술도 맛있었다. 우붓에서 기울이는 술잔은 늘 밤공기와 함께였다. 쏟아지는 빗줄기나 초롱초롱한 별들, 간혹 기타 선율과 노래도 맛있게 곁들어졌다. 그렇게 마시면 취하지도 않아서 신나게 마시고도 다음 날이면 무리 없이 책을 펴고 일을 할 수 있었다.

특히 춤은 매일 살아 있음을 느끼게 해주는 취미로 일상 전반에 활력을 선사했다. 춤으로 얻은 삶의 활력은 다시 일에도 긍정적인 영향을 미쳤다. 아무리 두꺼운 책도 별 스트레스 없이 계획했던 일정대로 차근차근 해냈다. 슬럼프가 왔어도 진작 왔어야 할 시기도 무리 없이 지나갔다. 음악에 맞춰 한바탕 몸을 흔들면 종일 내 몸에 들러붙었던 단어들이 툭툭 털어내졌다. 꽉 찬 테트리스 한 줄처럼 스트레스가 반짝 사라졌다.

가만히 앉아 부지런히 뇌를 쓰는 일과 음악에 맞춰 몸을 움직이는 취미는 환상의 짝꿍이었다. 번역을 업으로 삼고 일부러 그와 어울리는 취미를 찾은 것은 아니었다. 다만 나를 잘 들여다보는 습관이 나도 모르게 내게 가장 잘 어울리는 취미를 찾아내어 퍼즐 맞추듯 내 일상에 딱 끼워 넣어준 것일 테다.

우붓에서 삶의 균형을 찾아가던 나를 보고 있자니 우붓에 발을 내딛은 초창기에 아이가 영어와 한국어를 뒤섞어 친구와 대화하던 모습이 떠올랐다.

"I am '부셔ing' this and let's pick all the red pieces. So we can make a red house!" (내가 이거 부술 테니까 우리 빨간 레고만 모아서 빨간 집 만들자!)

"Ok, then I am '골라ing' all the red pieces from this box!" (좋아! 그럼 난 이 상자에서 빨간색 레고를 전부 고를게!)

아이의 표현대로라면, 나는 우붓에서 '산다ing' 하고 있었다. 비로소 살아간다는 것의 의미가 현재 진행형으로 이해되었다. 남편과 아이, 일과 취미가 잘 맞물린 톱니바퀴가 되어 나의 하루하루를 힘차게 밀어주었다. 매일이 바람에 날리는 책장처럼 신나게 넘어갔다. 처음에 번역 일을 시작할 때, 언젠가 세상을 떠돌며 번역하고 싶다고 어렴풋이 생각했었다. 그런데 그 꿈이 어느덧 나의 현재가 되어 있었다. 나는 우붓에서 한 줄 한 줄 글을 옮기듯 하루하루 차곡차곡 살고 있었다. 산다ing. 삶은 늘 진행형이다. '살았다'라는 과거형도, '살 것이다'라는 미래형도 삶에는 어울리지 않는다. 삶에는 오직 현재 진행형만 어울린다.

낡은 날들

　어느 날 갑자기 모든 게 낡아 보일 때가 있다. 구입한 지 3년이 지난 아이패드 커버는 여기저기 벗겨져 흉물스러웠고, 노트북 가방은 파란색 실밥이 군데군데 삐져나와 누가 더 긴지 자랑했으며, 노트북 케이스도 수명을 다해 비닐이 들고 일어섰다. 매일 들고 다니던 갈색 가죽 가방은 손때가 마법을 부려 금방이라도 초골딧으로 변해버릴 것 같았다.

　낡은 것들이 눈에 밟히는 날에는 몸도 마음도 유난히 무거웠다. 자고 일어나도 개운하지 않았고, 이유 없이 부은 종아리는 아무리 주물러도 시원하지 않았다. 그래도 하루하루가 여지없이 흘러갔다. 그럴 때는 괜히 새것이 갖고 싶어 얇은 지갑을 들고 무모한 쇼핑에 나섰다. 새로 산 옷 한 벌, 새로 산 가방 하나가 일상을 신선하게 만들어주기도 하니까.

　하지만 쇼핑으로도 낡은 마음이 닦이지 않는 때가 있었다. 집 안 구석구석 쓸모를 못 찾고 먼지만 뒤집어쓴 물건들이 괜히 보기 싫어지고, 건기인 줄도 모르고 뻔뻔하게 내리는 빗소리에 이른 새벽부터 이불 속에서 신경질이 나는 날들이 내가 사랑하는 우붓에서도 분명 존재했다.

　일상에 변화를 주는 가장 좋은 방법은 사는 공간을 바꾸는 것이라는 글을 읽은 적이 있다. 우붓에 발을 딛고 지낸 지 3년 정도 지났을 무렵, 갑자기 그 말이 생각나며 우붓에 너무 오래 있었다는 생각이 들었다. 그것도 같은 동네에서만 너무 오래 살았다. 다시 한 번 일상을 뒤흔들어줄 때가 온 듯했다. 옆 동네로 이사라도 가야 하나? 남편 말대로 남쪽으로 이사를 가버릴까? 이런저런 질문들이 마음속에서 피어올랐다.

　그렇다고 그런 감정이 들 때마다 사는 공간을 바꿀 수는 없는 법. 그렇기 때문에 늘 똑같은 일상을 새로운 눈으로 보는 능력이 필요한 것이리. 그냥 그런 때가 왔으나, 그 또한 지나가리라 하는 마음 같은 것 말이다. 비 온 후 뭉텅뭉텅 꽃을 떨구는 프랑지파니 나무에 기대, 밤마다 풍겨오는 달콤한 스답말람 꽃향기에 의지해, 시원한 맥주나 한잔 마시며 가라앉은 몸과 마음이 떠오르길 기다릴 뿐. 코끝의 감기 기운만 떨어졌으면 좋겠다는 소박한 바람으로 또 별다를 것 없는 하루를 살면 되겠지. 눈 밑의 마스카라 자국과 새빨간 립스틱을 지울 생각도 않고, 시커먼 발바닥으로 침대에 올라가는 사춘기 딸과 실랑이도 하면서 그렇게 또 하루를 살아가면 되겠지.

　"마스카라는 워터 프루프라서 세수해도 안 지워져!

립스틱은 롱 래스팅이고!"

"하하, 그러네! 세수해도 안 지워지겠네!"

아이 덕분에 바람 빠진 풍선처럼 한 번 웃으며 나는 낡은 침대에 누워 하루를 마감했다. 혹시 기분 전환에 도움이 될지 모르니 내일은 새 옷을 하나 장만하는 것도 나쁘지 않겠다고 중얼거리면서.

그의 등은 따뜻했다

　처음에는 우리도 사랑에 흠뻑 빠져 있었다. 이 한 사람만 있으면 언제 어디에서든 외롭지 않을 것 같은, 그런 진한 사랑을 했던 시절이 있었다. 하지만 사랑했던 사람과 결혼을 하고 아이를 낳고 난 뒤, 그야말로 쓸쓸한 순간들이 자주 찾아왔다. 뜨거운 사랑을 나눴던 그는 어느덧 먹고사는 일에 매달리느라 함께 보내는 시간이 점점 줄어갔다. 무지한 상태에서 시작한 육아는 혼자 감당해야 했고, 결혼했다는 이유만으로 여자인 내게 기대되는 갖은 의무들이 한데 뭉쳐져 쉴 새 없이 내 곁으로 굴러들었다. 그리고 어느 순간부터 함께 가정을 꾸린 사람을 사랑하는 것이 세상에서 가장 외로운 일이 되어 있었다.

　더운 해가 주춤해져 선선해진 저녁, 비라도 내리면 우붓의 동네 이웃들은 종종 우리 집으로 하나둘 모여들었다. 요리를 좋아하는 그가 돼지고기를 볶거나 닭을 삶았고, 누구는 마른오징어를, 누구는 상큼한 샐러드 한 그릇을, 누구는 술병을 들고 찾아왔다. 수다가 쌓이고 빈 병이 늘어서면 음악을 틀었다. 분위기가 차츰 무르익으면 음악 소리에 사람들의 목소리가 조그맣게 더해졌다. 여기에 기타까지 등장해 띵까띵까 소리를 피우면 너나없이 큰소리로 노래를 부르고 춤을 췄던 우붓에서의 밤들을 기억한다. 양희은의 '사랑 그 쓸쓸함에 대하여'는 그런 밤들 중에 친구가 가만히 부르던 노래였다.

> 다시 또 누군가를 만나서
> 사랑을 하게 될 수 있을까?
> 그럴 수는 없을 것 같아
> 도무지 알 수 없는 한 가지
> 사람을 사랑하게 되는 일
> 참 쓸쓸한 일인 것 같아

노래를 부르는 이는 열대의 밤바람에 살랑살랑 가사를 실어 보내며 가볍게 웃었지만, 나는 사람을 사랑하게 되는 일이 참 쓸쓸한 일인 것 같다는 가사가 남 얘기 같지 않았다. 사랑했던 사람과 결혼을 해놓고도 외롭고 힘겨운 이 삶을 어떻게 보듬어야 할지, 열대의 텁텁한 공기처럼 나는 종종 답답했다. 어찌 보면 우리의 삶 자체가 쓸쓸한 일인지도 몰랐다. 요가와 명상을 하면서, 춤을 추면서 아무리 내 안의 나를 찾아도 가끔 텅 빈 마음들이 파도처럼 몰아치곤 했으니까. 열대의 따뜻한 볕으로도 말려지지 않는 쓸쓸함에 몸서리치던 날들이 우붓이라고 해서 없지 않았다.

그가 우붓에 오고 난 뒤 둘이 오토바이를 탈 일이 생기면 앞자리는 그의 차지가 되었다. 그의 등 뒤에 앉아 오토바이를 타는 날들이 많아졌다. 앞에 앉아 달리는 것도 신나는 일이었지만, 그의 뒤에 앉아 가는 것도 좋았다. 따뜻한 그의 등에 기대 동네 구경도 하고, 사람 구경도 하고, 하늘 구경도 했다. 가끔은 비옷을 뒤집어쓰고 둘이 홀딱 젖은 채로 달리기도 했고, 뜨거운 태양 밑에서 땀을 줄줄 흘리며 달리기도 했다. 그의 온기를 느끼며 생각했다. 뒤에 앉아 가는 것도 좋구나. 가끔은 앞장서지 않아도 되는구나. 때로는 내가 가고 싶은 길을 성큼성큼 걸어가기보다 그가 가는 길을 그저 따라가는 것도 괜찮겠구나. 앞자리에 앉아 오토바이를 모는 그의 등은 넓었고, 따뜻했고, 또 어떤 때는 가련했다.

니체는 이렇게 말했다. '첫 번째 판단을 버려라. 그것은 시대가 네 몸을 통해 판단하는 것이다.' 그는 시대가 주입한 가부장적 사고를 단단히 체화한 사람이었다. 나는 결혼한 후에도 고집스럽게 내가 원하는 대로 살았다면, 그는 그런 나와 결혼한 덕분에 편하게 살 수 없었다. 나는 두 번의 명절 중 한 번은 우리 집에 먼저 가자고 했고, 그가 무심코 가볍게 던진 말들에서 성차별적인 발언을 귀신같이 찾아내 기어코 딴죽을 걸었다. 그는 자기 친구들이 그들의 가정에서 좀처럼 받지 않을 요구와 질문들을 나로부터 건네받았다. 그리고 그런 질문에 답해본 남자 사람 하나 주변에 없는 환경에서 내 등쌀에 억지로 떠밀려 답을 고민했다. 가끔은 버럭 성질도 냈다.

그럼에도 불구하고 여전히 내 곁을 지켰다. 유쾌하고 가볍게 살고 싶은 자신에게 자꾸 무거운 이야기를 들이밀고 불만을 토로하는 내 옆에서, 도망치지 않고 우직하게 자리를 지켰다. 다른 세상을 꿈꾸며 창밖만 내다보는 나를 보면서도 끝내 그 자리를 지켰다. 결국 밀리 떠나버린 나를 찾으러 우붓까지 왔다.

어떤 친구들은 내게 이렇게 말했다.

"야, 사람은 안 변해."

혹은 이렇게 말하는 이도 있었다.

"사람은 고쳐 쓰는 거 아니야."

하지만 그를 보면 꼭 그렇지만도 않다는 생각이 들었다. 완고하게 변화를 거부하는 것 같던 그도 어느새 보니 조금씩 변해 있었다. 듣기 싫다던 요가 수업을 따라와 가만히 눈 감고 앉아 있던 그, 부끄러워서 함께 춤추러 가지는 못했지만 어디에선가 음악 소리가 들리면 가장 먼저 웃긴 몸짓으로 몸을 흔들던 그, 이웃들에게 내가 얼마나 괜찮은 사람인지 목소리 높여 말하던 그, 사실은 늘 시골에서 살고 싶었다며 저 멀리 푸르른 우붓의 논을 바라보며 활짝 웃던 그… 쥐가 담을 타고 연못에 빠졌다가 수챗구멍으로 잽싸게 들어가는 모습을 보고도 아무렇지 않게 춤추고 노래 부르던 우붓의 밤들… 그런 밤들 속에서 그는 결혼하기 전 내가 알던 익숙한 남자이기도 했으며, 내가 모르는 새로운 남자이기도 했다. 내가 우붓에서 달라진 것처럼 그 역시 서서히 다른 사람이 되어가고 있었다.

    나는 나를 찾고 싶은 열망이 앞섰던 나머지, 그동안 조금씩 변화해가던 그를 미처 살피지 못했다. 그토록 뿌리 내리고 싶었던 곳을 벗어나 나에게로 온 그의 수고로운 걸음을 제대로 헤아리지 못했다. 그 사실을 깨우치자 연애할 때만큼 다시 그가 궁금해지기 시작했다. 그의 우주를 다시 엿보고 싶어졌다. 부족할 것 없던 우붓 생활에서도 문득 스쳤던 그 외로움을, 나의 내면을 한껏 채워도 사라지지 않던 그 바짝 마른 쓸쓸함을, 그와 나눌 수 있다면 더 바랄 것이 없겠다는 생각이 들었다. 쓸쓸한 두 인생이 서로 보듬는 손길을 갖는 것이 어쩌면 우리가 결혼으로 원하는 바인지도 모르겠다고 생각했다.

    한국에서보다 더 많아진 시간의 품에 안겨, 엄마만큼 아빠와도 끈끈해진 아이의 모습을 보며 나의 버석거리던 쓸쓸함도 조금씩 촉촉해졌다. 그와 나의 사이도 점점 부드러워졌다. 두런두런 마주 앉아 밥을 먹는 식탁에서, 셋이 떠난 짧은 여행길에서, 그리고 그가 모는 오토바이 뒤에 앉아서, 나는 지금이 참 좋다고 생각했다. 나는 어느덧 그의 따뜻한 등에 기대어 앞으로의 날들을 살아가도 좋겠다고 확신하고 있었다.

PART 4

새로운
날들

2016년 여름 ~ 2017년 여름

각자의 선택이 아닌 공동의 선택

    2015년, 새로운 삶의 가능성을 찾아 그가 한국 생활을 모두 정리하고 우붓으로 합류한 뒤, 우리 가족은 커다란 변화를 맞이했다. 그와 내가 잠시 떨어져 지내는 동안에는 잊고 지냈던 문제들—이를테면 누가 밥상을 차리느냐 하는 문제 같은 것들—이 수면 위로 고스란히 다시 떠올라 괴로울 때도 있었지만, 그사이 그도 나도 한발 물러날 줄 아는 지혜가 생긴 것일까? 별것 아닌 일들로 아옹다옹하는 순간들은 이전보다 많이 줄어들었다. 삶의 전반에 걸쳐 서투른 발걸음으로나마 그와 내가 2인 3각으로 함께 발을 내딛는 느낌이었다.

    뭐든지 열심히 하는 사람답게 그는 새로운 삶에도 부지런히 적응했다. 그는 천천히 여유로워졌고 조금씩 자유로워졌다. 그런 그의 모습을 볼 수 있어서 퍽 흐뭇했다. 하지만 우붓은 그에게 영 맞지 않는 옷이었다. 시간이 흐르자 그는 내가 그토록 사랑하는 우붓을 떠나고 싶다고 했다. 나는 조금만 더 머무르자고 했다.

    떠남과 머무름의 선택을 두고 또 한 번의 줄다리기가 시작되었다. 다행히 이제 우리는 언성을 높이지 않고 머리를 맞댄 채 '함께' 만족할 수 있는 방법을 고민할 줄 알게 되었다. 한쪽이 만족하면 한쪽이 불만족하는 양자택일이 아닌, 각자가 조금씩 양보하여 더 큰 공통의 행복을 찾으려고 애쓸 줄 알게 되었다.

긴 대화 끝에 우리는 한국으로 되돌아가는 것도, 우붓에 계속 머무르는 것도 아닌 제3의 방법을 선택했다. '차라리 다른 나라로 가자.' 우붓에서처럼 자유로운 삶을 이어가고 싶은 나의 욕구와 보다 더 너른 공간에서 자신의 역량을 펼치고 싶은 그의 욕구를 함께 충족할 수 있는 곳을 찾아야 했다. 많지 않은 예산 안에서 상충되는 두 마음을 모두 만족시킬 만한 곳을 찾기란 쉽지 않은 일이었지만, 그를 믿었다. 그리고 그는 최선의 답을 찾아왔다. 그가 선택한 곳은 우붓에서 그리 멀지 않은 말레이시아 조호바루였다.

내가 선택했던 우붓으로 그를 데려왔으니, 이번에는 내가 그가 선택한 곳으로 따라갈 차례였다. 이번에도 떠날 수 있는 사람이 먼저 길을 나섰다. 그가 먼저 새로운 보금자리로 건너갔다. 나와 아이는 아이가 쁘랑이 스쿨을 졸업할 때까지만 우붓에 머무르기로 했다. 나의 우붓 생활은 이제 시한부가 되었다. 나는 째깍째깍 흐르는 시간을 최대한 붙잡아 우붓에서의 얼마 남지 않은 삶을 최대한 누리기로 했다.

타인의 삶

그가 조호바루로 떠나고 다시 아이와 나 둘만의 우붓 생활이 시작되었다. 그런데 그 뒤로 언젠가부터 집 안의 물건들이 하나씩 자취를 감추곤 했다. 집에 먼지깨비가 들어왔나? 사각 유리 반찬통 하나가 어느 날부터 보이지 않았고(이웃집에 뭘 담아 갔었나?), 핑크 립스틱이 안 보였다(어디다 흘렸지? 책꽂이 뒤로 떨어졌나?). 여섯 개였던 발 매트는 다섯 개뿐이었다(바람에 날아갔을 리도 없고?). 가계부를 쓸 때마다 돈이 매일 몇 만 루피아(몇 천 원)씩 부족했던 것도 생각났다. 어디다 쓰고는 기억을 못 하는 거냐며 자책도 여러 번 했다. 그때까지만 해도 우리 집에서 일하던 리나가 그랬을 것이라고는 전혀 의심하지 않았다. 의심은 아이가 핸드폰 타령을 하면서 시작되었다.

"엄마, 나 그 안 쓰는 핸드폰 언제 줄 거야?"

"응, 생각 중이야."

"엄마, 내 핸드폰 그냥 한 번만 봐도 돼?"

"그래, 보기만 해. 엄마 책상 서랍에 있어."

"엄마! 핸드폰 없는데?"

"서랍에 없다고?"

'그럴 리가 없는데' 하면서 후다닥 달려가서 보니 아이의 말대로 서랍 깊은 곳에 고이 넣어둔 핸드폰이 없었다. 갑자기 머리가 핑핑 돌며 어지러웠다. 그제야 최근에 사라진 모든 물건들이 떠오르며 한 사람을 향한 의심이 들기 시작했다.

'이걸 어떻게 확인하지? 대놓고 물어봐? 아니면 핸드폰 좀 빌려달라고 해봐?'

하지만 조금 더 지켜보기로 하고 말을 삼켰다. 그리고 다음 날. 그날따라 카메라를 넣어놓았던 파우치가 유난히 눈에 띄었다. 불안한 예감에 스프링처럼 번쩍 일어나 지퍼를 열어보니, 역시나 아무것도 없었다! 내 캐논 450D! 그제야 정신이 번쩍 들었다. 심장이 요동치기 시작했다. 마침 그날은 리나가 아프다며 우리 집에 출근하지 않은 날이었다. 밖에서는 비가 주룩주룩 내리고 있었다. 정신없이 비옷을 뒤집어쓰고 오토바이에 올라 리나의 언니가 일하는 동네 구멍가게로 갔다. 다짜고짜 리나를 찾는 내 말투에 리나 언니의 표정이 어두워졌다. 바로 그때, 우리 아이스크림 가게에서 쓰다 남은 일회용 플라스틱 그릇들이 눈에 들어왔다. 하, 언니랑 동생이 한패였구나!

"이 그릇들은 우리 가게에서 쓰던 건데 왜 여기 있죠?"

"몰라. 리나가 가져왔어. 당신이 줬다던데?"

"그런 적 없거든요. 리나 집이 어딘지나 빨리 말해요."

"나도 몰라."

"말이 돼요? 근처에 사는 동생 집을 모른다는 게?"

리나의 언니는 모른 척 버티면 외지인이 별수 있겠나 싶었는지 미안한 기색도, 해결할 의지도 내보이지 않았다. 지원군이 필요하다고 생각한 나는 리나를 소개해준 꼬망 아줌마를 찾아가 사건의 전말을 일러바쳤다.

"꼬망! 리나가 우리 집에서 물건을 훔쳤어요. 같이 가서 좀 도와줘요. 핸드폰이랑 카메라가 없어졌다고요!"

꼬망 아줌마는 깜짝 놀라더니 나보다 더 허둥거리며 비옷도 입지 않고 오토바이에 올랐다. 평소엔 순하디순한 꼬망 아줌마가 날카롭게 목소리를 높여 리나의 언니를 다그쳤다. 풀 죽은 그녀가 할 수 없이 꼬망 아줌마의 오토바이 뒤에 탔다. 5분도 채 지나지 않아 도착한 곳은, 일자리를 찾아 고향을 떠난 젊은 청춘들이 모여 사는 고시원 같은 공간이었다. 열린 방문으로 덜컥 들어서니 바닥에 내 카메라가 태연히 놓여 있었다. 그동안 없어진 모든 물건이 모조리 그 방에 있었다. 아이의 영어 책, 잃어버린 줄도 몰랐던 화장품들이 방 곳곳을 나뒹굴었고, 새카매진 발 매트가 화장실 앞에 푹 젖은 채 깔려 있었다. 싱크대 한 칸이 전부인 부엌에는 익숙한 반찬통들이 음식 냄새를 풍기며 개수대에 담겨 있었다. 심지어 내가 입던 팬티도 보였다. 기가 차도 단단히 찬 나는 핸드폰을 뺏어 들고 리나에게 말했다.

"이거 뭐야? 왜 네가 이걸 갖고 있어?"

예니가 줬단다.

"거짓말 마. 그 아이가 얼마나 핸드폰을 갖고 싶어 했는데 그걸 널 줬겠니!"

그러니 이번에는 빌려줬단다. 거짓말인 게 빤히 보이는 리나의 대답에 점점 화가 났다. '제발 그냥 미안하다고 해!' 나는 눈이 뒤집혀서 집 안을 샅샅이 뒤졌다. 아파서 누워 있던 (하지만 누워서 카메라로 찍은 사진을 구경하며 낄낄거리던) 애를 일으켜 매트리스까지 뒤집었다. 내가 모르던 내 모습이 튀어나왔다. 방 구석구석을 뒤지면서도 마음 한편으로는 '내가 왜 이러지, 왜 이리 못됐지' 하고 자책했다. 그래도 되는 상황인데 그러면 안 될 것 같았다. 카메라에는 리나가 남자 친구와 찍은 사진이 가득했고 핸드폰에는 아파서 오늘은 일을 못 간다고 내게 보낸 문자가 약 올리듯 남아 있었다. 처음 핸드폰을 갖게 된 아이의 설렘이 그 안에 가득했다. 리나는 인스타그램 계정을 만들어 수많은 셀카를 찍어 올렸다. 눈에 익은 옷차림으로. 내가 집에 없는 사이, 내 옷장을 뒤져 패션쇼도 했구나!

화가 치받쳐 그렇게 방을 뒤집어놓고 나오니 마음이 영 불편했다. 나는 좋은 사람이라는 생각이 뒤흔들려서. 발리 사람들은 좋은 사람들이라는 생각 또한 뒤흔들려서. 이렇게까지 상황이 흘러갔으니 나는 리나를 해고할 수밖에 없었다. 그래도 결국 일한 날까지 월급은 챙겨줬다. 마지막까지 좋은 사람으로 남고 싶어서였을까? 아니면 나 몰래 학교에 가서 아이에게 해코지할까 봐 무서워서? 리나는 딸이 다니는 학교도 알았고 함께 작당할 남자 친구도 있었다. 안다. 상상력이 과했다.

늘 얼굴에 미소를 띠우고 가진 것에 만족하고 하루에 세 번씩 신에게 기도를 올리며 경건하게 사는 사람들 틈에, 행복하지 않은 이들도 있었다. 우붓에 사는 동안 알지 못했던, 아니 알고자 하지 않았던 타인의 삶이었다. 나는 어쩌다 그들의 불행을 (어쩌면 내가 몰랐던 또 다른 형태의 행복을) 엿보게 되었고 본의 아니게 그들의 삶을, 적어도 삶의 한순간을 뒤집어놓았다. 비난하고 욕했다. 그날 이후로 며칠 동안 가슴이 진정되지 않았다. 훔친 물건을 태연하게 빌린 거라고 말하던 그 아이의 행복을 내가 망친 건가 싶어서. 그 아이가 빠져나가고자 했던 불행을 내가 더 헝클어뜨렸나 싶어서.

일이 이렇게까지 흐르자 리나 전에 우리 집에서 일했던 얀띠도 '혹시…' 하는 생각이 들었다. 그래서 얀띠의 인스타그램을 뒤지려던 순간… '아, 맞다. 얀띠에게 내 옷이 맞을 리 없지. 몸매가 얼마나 좋은데' 싶었다. 그래도 한 번 든 의심은 쉽게 걷히지 않는 법. 덜덜 떨며 얀띠의 계정을 확인하니 얀띠가 내 침대에 앉아 기타를 들고 폼을 잡고 있었다.

'그래, 기타 정도면 괜찮지.'

'나'라는 놀라운 세계

포크댄스를 추는 한 쌍의 고등학생처럼 어색하게 손을 맞잡고 수줍은 듯 스텝을 밟기 시작한다. 음악에 섞인 두 몸이 고무줄처럼 탱탱하게, 혹은 반짝이는 레이스처럼 황홀하게, 스치고 겹쳤다 또 멀어진다.

그의 눈빛을 느꼈다. '네가 궁금해. 넌 어디서 왔어? 어떤 사람이야?'라는 유혹의 눈빛. 나도 지지 않고 뜨거운 눈빛을 되돌려준다. '넌 나한테 빠질 거야. 그렇지? 이래도 안 반해?' 상대를 유혹해 진도를 나갈 생각은 없다. 노래 한 곡의 유혹은 그 자체로 부족함 없이 완결성을 가진다. 이어질 서사에 대한 준비 단계라고 하기에는 그 아름다움이 아깝다. 화려한 마무리 동작처럼 깔끔하게 딱 떨어져야 제맛이다.

이곳은 모든 관계가 유혹에 기반을 뒀다고 생각하는 사회야. 서로를 유혹하고 유혹함으로써 자신을 증명해 보이고 싶어 하지. 눈앞의 결과를 위해서만 유혹하는 게 아니라 존재의 방식으로서 유혹한다고나 할까. 자신의 매력을

드러내고 그것을 통한 관계 형성이 당연하다고 생각해. 부족하면 섭섭함을 느낄 정도지. 유혹은 상대방에게 정성을 다하는 태도이기도 해. 부담스러우면 당연하게 거리를 두고 필요하다면 딱 부러진 거절도 할 수 있는 거야.

_《유혹의 학교》(이서희 지음, 한겨레출판, 2016) 중

그렇다. 정성을 들여 춤을 춰야 한다. 지금 내 손을 맞잡은 상대에게 최대한 거부할 수 없는 유혹의 눈빛을 보내는 것이 정성이다. 정성을 다하면 끝나도 아쉽지 않다. 그렇게 진한 눈빛을 주고받지만 음악이 끝나고 잡은 손을 놓으면 뜨겁게 일렁이던 마법도 함께 끝난다. 상대가 따라와 호구조사를 하지 않으면 나는 유혹이 뭔지도 모를 것 같은 소심하고 말 없는 인간으로 돌아온다. 순간의 상대가 말을 걸어와도 친구와 대화를 하러 가는 척 한두 번 외면하다 보면 상대도 알아채고 눈빛을 거둔다. 미션 클리어. 하지만 다시 음악이 시작되면 또 다른 눈빛, 또 다른 손짓으로 또 다른 유혹이 시작된다.

춤추는 게 편해지고 즐거워지면서 웃음이 진해졌다. 춤을 추면서 태어나서 한 번도 지어보지 못한 미소를 지었다. 활짝 핀 꽃처럼 환하게 웃었다. 일부러 웃지 않아도 음악만 시작되면 웃음이 슬금슬금 비어져 나왔다. 입꼬리가 미친 듯 올라

갔다. 진짜 웃음이 저 깊은 곳에서부터 자연스럽게 흘러넘쳤다. 선크림도 바르지 않고 오토바이를 타느라 얼굴은 푸석했고 주름과 기미는 늘었지만 그래도 활짝 웃으면 그만이었다. 이마의 땀방울이 보석처럼 빛났다. 그리고 사람들이 말했다.

"You are so beautiful!" (넌 정말 아름답구나!)

"같이 춤을 춰줘서 고마워. 너와의 춤은 정말 멋졌어."

"너와 언제 한 번 더 춤을 출 수 있을까?"

아, 내가 아름답구나. 그래, 맞다. 벡스가 그랬지. 네가 곧 꽃이라고. 모든 것이 연결되어 있었다. 내가 스스로 꽃이라고 생각하니 사람들이 그리 알아보았다. 그럴수록 꽃은 더 황홀하게 피었다. 올라가는 입꼬리만큼 어깨도 펴졌고 당당해졌다.

꽃은 실체였고 몸이었다. 여자이기보다 인간이고 싶었던 시절, 몸은 거추장스러운 것에 불과했다. 그러던 내가 춤을 더 잘 추고 싶어서 열심히 운동했고 몸을 가꾸게 되었다. 춤을 잘 추려면 내 몸을 잘 알아야 했다. 아끼고 관리해야 했다. 몸이 다듬어질수록 춤은 더 재밌어졌고 더욱 잘 추고 싶다는 욕심도 늘었다. 선순환이었다.

춤을 출 때는 온몸의 근육을 제각기 움직여야 한다. 웨이브를 탈 때는 가슴부터 들어 올려야 하고 상체와 하체는 따로 움직여야 한다. 등에 숨어 있는 근육도, 파묻힌 복근도 찾아

내 딴딴하게 키워야 한다. 한쪽만 비죽 솟은 어깨를 내려주지 않으면 턴을 할 때 잘못 돌린 팽이처럼 삐뚤어져 돌았다. 팔자걸음을 고치지 않으면 모든 스텝이 우스운 모습으로 꼬였다. 그렇게 내 몸을 의식하고 살피는 동안, 튀어나온 아랫배가 야속하기도 했지만 결국 있는 그대로의 내 신체를 받아들이게 되었다. 이게 나임을 인정하게 되었다. 내 몸을 알아갈수록 거추장스러웠던 몸에 감사함을 느꼈다. 춤을 배움으로써 나는 그렇게나 미워하던 내 몸과 화해했다. 통통한 대로, 뻣뻣한 대로, 울퉁불퉁한 대로 내 몸은 나와 떼어놓을 수 없는 친구였다.

내 몸을 긍정하게 되자 옷차림도 달라졌다. 한국에서 가져온 옷들은 어느새 옷장 구석에 처박혔고, 이곳 생활에 익숙해지면서 덩달아 찐 살과 더불어 사들였던 넉넉한 옷들은 하나둘 스마일숍으로 이동했다. 그렇게 비워진 자리를 형광 핑크 핫팬츠, 까만 홀터넥 원피스, 춤추다 돌면 아름답게 퍼지는 화려한 치마들이 채워갔다. 옷차림은 점점 과감해졌고 간소해졌다. 하지만 내가 아무리 헐벗어도 우붓의 거리에는 늘 나보다 더 헐벗은 사람들이 넘쳤다. 있는 그대로 당당하게 내 몸을 드러내니 자유롭고 시원했다.

그렇게 홀가분한 마음으로 내 몸을 살피면서 내가 어떤 동작을 할 수 있는지 발견하고, 안 되는 동작은 그 이유를 파악하고, 새로운 동작을 시도해 익혀 결국 움직임의 가능성을 확장하는 일은 그 자체로 나를 새로 알게 되는 과정이기도 했다. 나는 춤을 추며 '나'라는 새로운 세상을 탐색했다. 음악은 익숙해도 몸은 늘 새롭게 움직였다. 익숙함과 새로움이 잘 섞인 계란 흰자와 노른자처럼 고운 색을 만들어낼 때, 지금까지와는 다른 내가 거기 있었다.

태연하게 주워 입다

"아리! 비건Vegan 페스티벌에서 우리에게 초청 공연을 부탁했어. 스튜디오를 알릴 수 있는 좋은 기회야. 같이 할 거지?"

"당연하지!"

삶이 단순해졌다. 이것저것 따지지 않고 즐거워 보이면 그저 했다. 춤도 처음 배울 때가 고민이었지 일단 발을 담그고 나자 이후의 과정들은 한결 쉬워졌다. 연습해서 공연을 올리자고? 오케이! 안 될 게 뭐 있어?

우붓에 와서 맞이한 큰 변화 중 하나는 완벽주의가 없어진 것이다. 나는 못할 것 같으면 아예 시작도 하지 않는 인간이었다. 하고 싶어도 못할 것 같으면 관심 없는 척 무시했다. 그랬던 내가 완벽하지 않아도 충분히 노력했으면 그것으로 되었다고 생각하는 사람으로 변했다. 삶이라는 파도 위에 올라타 내 나름대로 즐길 수 있는 사람이 되었다. 춤을 배우는 동안 동작 하나하나를 차근차근 연습해 완성하는 그 느낌이 좋았다. 처음에 아궁이 보여준 동작을 보고는 입을 떡 벌렸지만, 조금씩 연습해 몸에 익히고 결국 비슷하게 해내는 과정이 만족스러웠다. 땀을 흘려 한 곡의 춤을 완성하는 시간은 그저 흘러가는 시간이 아니라 내 손으로 하나씩 쌓아 올리는 시간 같았다.

사실 무엇에든 높은 기준을 들이대는 한국인의 유전자를 가진 입장에서 보자면 이곳 사람들의 연습량은 턱없이 부족하고 완성도에 대한 기준도 몹시 낮다. 우붓 자체가 관광객을 중심으로 돌아가는 곳이었기에 스튜디오도 크게 다르지 않았다. 그렇다 보니 수업은 늘 기본에 충실했고, 나처럼 스튜디오 죽순이로 1년쯤 버티다 보면, 이제 막 기본 스텝을 배우기 시작한 관광객들에 비해 내가 굉장히 춤을 잘 추는 사람 같다는 착각에 빠지기 쉬웠다. 물론 그 착각은 댄스 유튜브를 5분만 보면 산산이 부서지지만.

"자, 여기서 널 들어 올릴 거야. 한번 해보자."

"뭐라고? 뭘 들어 올려? 나를? 안 돼!"

"안 되긴 뭐가 안 돼. 이리 와봐. 내 팔을 잡고 하나 둘 셋! 하면 바닥을 차고 점프해봐."

오, 노! 아무리 요가와 춤으로 살이 많이 빠졌다지만 그건 우붓에 와서 찐 살이 다시 빠졌을 뿐이고, 나는 원래 체격이 건장한 편이다. 아궁은 단단한 근육으로 다져진 몸매이긴 했지만 키도 나보다 약간 클 뿐, 나를 몇 번 들어 올렸다가는 온몸을 파스로 도배해야 할 것 같았다. 다행히 본 공연에서 나를 들어 올릴 파트너는 툭하면 서핑보드를 들고 바다로 나가는 큰 키의 근육질 남자였으니 그나마 다행이었다.

"알겠어. 감 잡았어. 이제 할 수 있을 것 같아. 그러니 오늘은 좀 그만 들어 올리자!"

얼마간의 준비 기간이 끝나고 비건 페스티벌 공연 당일이 되었다. 다들 일찍부터 스튜디오에 모여 진한 화장을 했다. 스튜디오 한쪽 벽에 붙은 거울 앞에 나란히 앉아 저마다 분을 바르고 눈썹을 그리고 입술을 칠했다. 맨 얼굴만 봤던 친구들의 화려한 얼굴을 보며 엄지를 추어올렸다. 살사를 출 친구들은 빨간 드레스를 입고 빨간 꽃을 머리에 꽂았다. 또 다른 친구들은 발리 전통 춤 복장을 입고 머리에 화려한 깃털을 달았다. 살사를 출 남자들은 머리에 정성스레 왁스를 바르고 구두를 신었다.

함께 무대에 오르기로 한 아이도 신이 났다. 아이는 어깨가 훤히 드러나는 발리 전통 의상을 입고 머리에 화려한 장식을 썼다. 양손에 하나씩 부채도 들었다. 아이 둘 어른 둘로 구성된 발리 전통 춤으로 무대를 열고, 그다음엔 라틴 음악에 발리 전통 춤을 결합한 공연이, 마지막엔 세 커플이 함께 추는 살사가 자연스럽게 이어지는 공연이었다. 아이는 공연의 맨 앞 부분에, 나는 마지막 부분에 참여하기로 했다.

"자, 다들 준비됐어? 그럼 출발하자!"

스튜디오에서 출발한 오토바이 부대가 하노만 로드를 따라 달렸다. 머리에 꽂은 화려한 꽃 장식 때문에 헬멧도 쓸 수 없었다. 치마가 바람에 부풀었고 머리의 꽃 장식에 달빛이 묻었다. 앞서거니 뒤서거니 함께 달리며 다 같이 소리를 질렀고, 오토바이 뒷좌석에 앉은 친구들은 핸드폰을 꺼내 사진을 찍었다. 관광객들은 무슨 일인가 하고 발걸음을 멈춘 채 신기한 듯 우리 일행을 바라보았고, 헬멧을 쓰지 않은 오토바이 운전자를 단속하는 경찰 아저씨들도 이날만큼은 엄지를 치켜세우며 우리를 그냥 보내주었다.

공연의 긴장과 설렘이 하노만 로드에 뚝뚝 떨어졌다. 왁자지껄 웃으며 함께 달리던 그 순간이 오히려 공연 같았다. 공들여 준비하고 살아온 내 삶을 선보이는 공연. 공연의 긴장도 없는 날것 그대로의 자유, 시원한 바람과 포근한 달빛, 함께 오토바이를 타고 달리던 친구들… 공연장까지 달려가던 그 시간은 지금껏 우붓에서 보낸 내 시절을 압축해 보여주는 한 편의 공연이었다. 나는 공연이 끝나버린 기분으로 페스티벌 장소에 도착했다. 공연을 앞두고 떨고 있는 친구들 옆에서 나 혼자 마음이 편했다.

드디어 우리의 무대를 선보일 차례였다. 친구들은 격려

의 눈빛을 주고받으며 땀에 전 서로의 손을 꼭 쥐었다. 그런데 나는 자꾸 웃음이 났다. 무대로 들어서는 발걸음이 조금 떨렸지만 막상 자리를 잡고 음악이 시작되자 두근거리던 심장은 어느새 음악의 일부가 되었다. 그때 좌악 소리와 더불어 맨 앞에서 춤을 추던 아궁의 바지가 찢어졌다. 두고두고 술안주로 써먹을 재밌는 추억이 또 하나 생겼다! 공연은 완벽하지 않았다. 하지만 뭐 어떤가? 그 순간을 즐겼으면 그것으로 되었다.

      춤을 추고 싶었지만 내내 망설이기만 했던 사람은 어느새 떨지도 않고 무대를 즐기는 사람이 되었다. 그런 내 모습이 자연스러웠다. 오랫동안 숨겨놓았던 내 모습이 램프의 요정 지니처럼 긴 잠을 자다 이제야 깨어난 것 같았다. 나는 원래 그런 사람이었던 것처럼 나의 새로운 모습을 태연하게 주워 입었다. 그렇게 태연히 주워 입은 순간들이 쌓여 지금의 내가 있다.

항복의 미학

"아리! 어깨가 왜 이렇게 솟았어! 힘을 빼고 내려. 그래, 그렇게. 발끝은 안쪽이 아니라 바깥으로 포인Point 하라고. 그래야 선이 길어지고 보기에도 더 예쁘단 말이야. 이번엔 오른손 힘이 너무 세잖아. 약하지도 강하지도 않게 나하고 같은 정도로 힘을 줘야 한다고 했지? 그래야 파트너가 자연스럽게 리드할 수 있어. 나한테 기대면서 버티지 말고, 네 코어와 다리로 스스로 중심을 잡아. 그래야 내가 다음 동작으로 쉽게 넘어갈 수 있어. 어, 다음 동작 넘어가니까 또 손에 힘이 들어갔잖아. 손은 거들 뿐 발가락에 힘을 주고 바닥을 움켜쥐란 말이야! 그래, 그렇게!"

데와의 잔소리가 이어진다.

"같은 동작도 리더의 힘에 따라 크게 할 수도, 작게 할 수도 있고, 부드럽게 혹은 절도 있게 할 수도 있어. 전부 리드에 달려 있어. 오오, 나보다 더 많이 갔잖아. 내가 보폭을 줄이면 너도 같이 줄여야지. 자, 손이 괜찮아지니까 이제 다리가 문제네. 한 번에 하나만 신경 쓰면 안 돼. 손, 다리, 발끝, 어깨, 엉덩

이, 한꺼번에 다 집중! 네 몸 구석구석에 뇌가 하나씩 달려 있다고 생각해봐."

말처럼 몸이 움직인다면 얼마나 좋을까?

"잠깐! 음악 듣고 혼자 너무 신났네. 물론 음악도 들어야 하지만 팔로워는 음악보다 리드가 더 중요해. 리드에 상관없이 제멋에 막 흔드는 팔로워들은 리드하기 힘들단 말이야. 내 호흡, 내가 전달하는 에너지에만 집중해. 가장 중요한 건 따르는 거야. 다음 신호를 미리 예측하지 말고 한 박자 늦게 따라간다고 생각하고 느껴봐. 키좀바에서 팔로워가 결정할 수 있는 건 하나도 없어. 몸이 음악에 반응한다고? 그럴 수 있지! 하지만 음악보다 리딩이야. 네 식대로 하지 말고 리더가 음악을 느끼고 표현하는 방식을 따라야 해. 항복! 완전히 항복할 수 있어야 한다고!"

"아, 데와. 정말 팔로워는 스스로 결정할 수 있는 게 하나도 없구나. 내가 살면서 무엇에든 그렇게 항복해본 적이 별로 없어서 이렇게 어려운가 봐!"

"하하, 그럴 수도 있지. 하지만 가끔은 나를 온전히 맡길 때도 있어야 해. 있는 그대로 받아들이는 게 가끔은 더 아름답지. 인생도 춤도 똑같아. 팔로워가 완전히 항복할 때 두 사람이 마치 한 사람처럼 가장 아름다운 춤을 출 수 있거든."

지금이야 물러남의 미학을 조금이나마 깨달았지만, 내 삶은 내 뜻대로 끌고 가려는 노력의 연속이었다. 이기고 싶었고 앞장서고 싶었다. 장애물이 생기면 돌파하고 길이 아닌 곳은 길로 만들면서. 그렇게 삶을 이겨먹고 싶었다. 그런데 지란다. 항복하란다. 무조건 받아들이고 따르란다. 그래야 더 아름다운 춤이 된다고. 오직 파트너의 신호에 따라 그가 원하는 동작을 해내야 춤이 더 아름다워지는 것처럼, 삶도 그럴 때 더 아름다워지는 것일까? 삶이 툭 던져주는 대로 척 받아들이고 하나씩 해결해나가면서 그렇게 성장하는 것일까?

오랜 방황 끝에 이제는 항복의 의미를 어렴풋이 알 것 같기도 했다. 결혼도 육아도 내 뜻대로 끌고 가려고만 했을 때, 나 혼자 앞장서서 가려고만 했을 때는 여기저기에서 문제가 툭툭 터졌다. 가끔은 물러나 지켜보기만 해야, 몇 발짝은 상대의 흐름을 따라가기도 해야 부드럽게 풀리는 일들이 있었다. 남편과의 관계도, 아이와의 관계도. 그래, 받아들임. 에잇, 그놈의 받아들임. 뭘 그렇게 받아들이라는 건지, 참. 하지만 춤은 그렇게 툴툴대던 나를 받아들이는 사람으로 만들었다. "까짓것, 한 번 바짝 엎드려보지, 뭐"라고 말하는 사람으로.

"그래, 내가 너무 내 고집만 피우고 살아서 이제 항복 좀 하라고 지금 여기서 춤을 배우고 있나 보다! 잘 안 해봐서 어렵겠지만 그 항복, 어디 한번 해보자!"

"좋았어. 바로 그거야. 네가 이제야 인생을 좀 아네. 자, 다시 해보자."

다시 눈을 감고 음악을 들었다. 세포 하나하나를 깨웠다. 손에서, 가슴에서, 다리에서 전해져오는 그의 신호에 바짝 엎드려 집중했다. 오직 따르기 위해. 그리고 신기하게도 그렇게 오직 따르기만 할 때 내가 더 살아 있다고 느껴졌다. 지금 이 순간이 온전히 내 것이었다. 순간을 살기는 내게 늘 어려운 문제였다. 과거와 미래가 늘 현재를 잡아먹었지만 나는 특히 미래에 힘을 못 썼다. '나중에' '이 책만 끝나면' '아이가 다 크면' '내년에' '이따가' '이것만 하고'라는 말들로 현재를 맥없이 미래에 내줘버렸다. 하지만 미래는 계속 현재가 된다. 즐거운 (상상 속의) 미래는 현재의 (벗어나고 싶은) 괴로움으로 계속 치환될 뿐이다.

하지만 상대방이 보내는 신호와 음악 앞에 바짝 엎드리면 순간을 방기할 모든 핑계가 가볍게 사라졌다. 춤을 추는 동안에는 상대와 나, 그리고 음악만 존재했다. 과거의 망령도, 미래의 위협도 그 순간 음악과 뒤섞여 있는 나를 침범하지 못했다. 춤은 나중에 출 수 없다. 지금 음악이 흐를 때, 지금 내 눈앞에 있는 사람과 손을 맞잡지 않으면 그 순간은 다시 돌아오지 않는다. 우리의 삶도 마찬가지다. 지금 누리지 않고 아껴 뒀다가 나중에 누릴 수 없다. 춤을 추면서 나는 그 순간에 온전히 존재한다는 것의 의미를 몸에 새겼다. 그렇게 바짝 엎드려 순간을 사는 법을 배웠다.

작은 섬 길리에서

　우붓이 어찌나 좋았던지 나는 4년을 발리에 살면서도 우붓 이외의 지역으로는 많은 여행을 다니지 못했다. 아니, 굳이 다닐 생각을 안 했다. 그런데 우붓을 떠나기로 결심하자 마음이 급해졌다. 아이가 맞이한 마지막 짧은 방학에 아이와 둘이서 여행을 떠났다.

　비행기를 타고 발리 오른쪽에 위치한 롬복Lombok으로 가서 배를 타고 길리Gili로 들어갔다. 발리와 길리를 함께 떠올리는 사람이 많지만 행정구역상 길리는 롬복에 속한다. 롬복 북서쪽에 나란히 떠 있는 작은 섬 세 개가 바로 길리다. 맨 왼쪽에 있는 섬은 가장 북적북적한 길리 트라왕안Gili Trawangan, 가운데에 있는 가장 작고 조용한 섬은 길리 메노Gili Meno, 맨 오른쪽에 있는 길리 아이르Gili Air는 크기나 분위기가 이 둘의 중간쯤이다.

　우리는 길리 아이르에 짐을 풀었다. 길리 안의 교통수단은 마차뿐이다. 따그닥거리는 말발굽 소리를 들으며 아이와 나는 작고 아담한 섬을 걸었다. 모기에 뜯겨 가며 밤에는 요가를 했고 낮에는 수영을 했고 밥때가 되면 우붓에서보다 훨씬 맛있는 나시고랭과 미고랭 집을 찾아 나섰다. 발리와는 또 다른 롬복 스타일의 나시 참푸르도 맛있었다.

 섬이라 사방이 바다였지만 우리는 물놀이보다 자전거 타기를 즐겼다. 아이는 어느새 어른용 자전거를 탈 수 있을 만큼 훌쩍 자라 있었다. 우리는 자전거를 빌려 섬을 돌아보기로 했다. 넓지 않은 도로 위에서 마차도 피하고 사람들도 피해 자전거를 타는 건 생각보다 쉽지 않았다. 포장된 길도 있었지만 바퀴가 푹푹 빠지는 모랫길도 있었다. 그래도 앞서거니 뒤서거니 하며 섬을 한 바퀴 돌았다. 길의 오른편에는 아기자기한 숙소와 가게들이 나란히 서 있었고 간혹 끝이 안 보이는 오솔길이 숲으로 이어져 있기도 했다. 길의 왼편은 그야말로 바다였다. 아담한 가게에서 바다를 보며 빈땅을 마시는 사람들, 바다에 둥둥 떠 스노클링을 즐기고 있는 까맣고 노란 머리들을 보며 작은 섬을 달렸다. 아이는 줄곧 나를 앞서갔다. 자전거를 탈 때 아이는 유독 커 보였다. 까만 머리를 휘날리며 자전거를 타는 모습이 싱그러웠다. 그 뒷모습에 내가 얼마나 설레었는지 정작 아이는 모를 것이다.

 한국에서 친한 언니가 중학생 딸아이를 데리고 우붓에 놀러 온 적이 있었다. 활동적인 걸 좋아했던 언니는 휴양보다는 액티비티를 원했다. 언니와 언니의 딸, 나와 예니 이렇게 넷은 사이클링 투어를 했다. 차를 타고 우붓 북쪽의 킨타마니 화산 근처까지 올라갔다가 되돌아올 때는 우붓까지 자전거를 타고 달려 내려오는 여정이었다. 그때만 해도 아이는 어른용 안장을 자기 키에 맞춰 조절한 뒤에 자전거를 타야 했다. 그럼에도 불구하고 나보다 앞서 쌩쌩 달리던 아이의 뒷모습에 나는 그만 반해버렸다. 그 안에 아이가 우붓에서 살아온 세월이 고스란히 담겨 있었다. 그 활기와 자유로움, 싱그러운 자연의 품에 안긴 아이의 뒷모습을 잊을 수 없다.

아이를 뒤따라가며 추억에 잠겼다. 자전거 뒤에 아기 의자를 달아 아이를 태우고 다니던 시절을. 초여름의 장미꽃 길을 지나 가을의 노란 낙엽이 카펫처럼 깔린 공원을 가로지르며 아이와 함께 날마다 자전거 페달을 밟던 시절을. 둘만의 추억은 어느새 진화해 인도네시아의 작은 섬, 길리까지 이어졌다. 엄마 뒤에 매달려 앉아 있던 작은 아이는 어느덧 훌쩍 자라 엄마를 앞질러 달리고 있었다. 아이는 요즘도 가끔 말한다.

"길리 가서 또 자전거 타고 싶다."

"그래, 언제 또 가자. 꼭 가자."

길리가 아니더라도, 너와 함께 자전거를 탈 수 있다면 그 어디라도 나는 함께 할 것이다.

PART 4 새로운 날들

아메드의 별

오토바이에 기름을 가득 채웠다. 바퀴도 문제는 없는지 한 번 살펴보고 비옷도 챙겨 넣었다. 우붓에서 발리섬 동쪽 끝에 있는 조용한 어촌 마을 아메드Amed까지는 오토바이로 세 시간이 걸린다고 했다. 주쿵Jukung이라는 고기잡이배가 해변을 차지하고 있으며 스노클링과 다이빙하는 사람들이 찾아와 시간을 잊은 듯 머물다 가는 곳이었다.

아메드 여행을 함께 할 일행들이 새벽부터 아궁네 집에 모여 부산을 떨었다. 친구들과의 여행도 오랜만이었지만 오토바이를 타고 세 시간씩이나 달리는 여행은 처음이었다. 우리는 가랑비를 맞으며 엉덩이가 아프도록 달렸다. 스쳐 지나가는 동네마다 그날 밤의 오고오고Ogoh ogoh 행진을 위해 마련해둔 커다란 귀신상들이 우뚝 서 있었다.

오고오고 행진은 힌두의 시카력으로 새해가 되기 전날 진행되는데(보통 3월이나 4월) 행진을 하기 한참 전부터 마을마다 무시무시한 악귀의 형상을 커다랗게 만들어 세워둔다. 고개를 잔뜩 치켜들고 보아야 툭 튀어나온 눈알과 피가 줄줄 흐르는 이빨을 볼 수 있을 만큼 큼직한 귀신상이다.

행진 당일, 발리 사람들은 전통 악기를 연주하며 동네 여기저기를 누빈다. 곳곳에 숨어 있는 악귀를 깨우기 위해서다. 새벽까지 이어지는 이 행진은 마지막에 악귀 형상을 화려하게 불태우는 것으로 마무리된다. 그때부터 꼬박 하루, 발리 섬 전체가 침묵에 빠져든다. 한 해의 마지막 날 시끌벅적하게 놀면서 악귀를 불러 모아놓은 뒤, 다음 날 종일 바깥출입을 삼가면서 섬에 아무도 살지 않는 척하는 것이다. 그러면 악귀들이 심심해서 곧 다른 곳으로 빠져나간다고 한다. 그날이 바로 녜삐Nyepi 데이다. (녜삐는 인도네시아어로 '침묵'이라는 뜻이다.)

발리 사람들은 녜삐 데이를 치르면서 평안한 1년을 기원한다. 그날은 섬 전체가 조용하다. 학교와 관공서, 모든 가게도 문을 닫고 공항까지 폐쇄한다. 자동차와 오토바이도 당연히 몰지 않는다. 개와 고양이, 병아리를 몰고 다니는 닭들만 소리 없이 거리를 차지하고, 간혹 누가 길거리에 돌아다니나 뒷짐 지고 감시하는 순찰 요원들만 조용히 나타났다 사라질 뿐이다.

이날은 전기도 사용하지 않고 요리도 하지 않는 것이 원칙이다. 우붓 살이를 처음 시작했을 때는 녜삐 데이 전날, 마트에서 음식을 사다 나르느라 바빴다. 겨우 하루 밖에 못 나가는 것뿐인데 배를 곯을까 봐 겁을 먹었다. 나만 그런 건 아니었다. 녜삐 데이 전날이 되면 모든 마트에 평소보다 줄이 길게 늘어섰으니까. 우붓에서 녜삐 데이를 맞이한 첫해에는 시끌벅적한 행진이 새벽까지 이어지다 끝나고 아침이 왔을 때, 느지막이 일어나 미리 사다 놓은 음식을 먹은 뒤 몰래 대문 밖을 내다보다가 다시 집 안으로 쪼르르 들어갔지만, 다음 해에는 살금살금 이웃집에 놀러 가기도 했다.

녜삐 데이의 하이라이트는 밤하늘이었다. 불을 켜지 않으니 해가 지면 세상은 그대로 어둠에 잠겼다. 몰래 대문 밖으로 나가 뻥 뚫린 논 위로 고개를 들면 별들로 촘촘히 엮인 그물이 금방이라도 나를 잡아챌 것 같았다. 그런 그물이라면 언제든지 걸려도 좋겠다고 생각하며, 나는 한 마리 가련한 물고기처럼 입을 뻐끔거리며 밤하늘을 올려다보았다.

세 시간을 달려 도착한 아메드의 밤은 짙었다. 손님도 별로 없는 바닷가 옆 숙소는 두툼한 어둠에 묻혀 간간이 파도 소리만 쏴쏴 들려왔다. 내가 머무는 숙소는 바닷가 쪽이었고 친구들의 숙소는 길 건너에 있었다. 커튼을 꽁꽁 치고 희미한 전등불에 의지해 아이와 둘이 녜삐 데이의 밤을 보냈다. 녜삐 데이에는 실내의 불도 모두 소등하는 것이 원칙이지만, 희미한 불빛 정도는 눈감아주기도 한다.

'이제 곧 007 작전이 실행될 때가 됐는데⋯'

밤이 더 깊으면 친구들이 몰래 우리 숙소로 넘어오기로 했다. 아메드는 생각보다 순찰 요원들의 감시가 허술했다. 동네 아이들은 겁도 없이 아빠 손을 잡고 골목을 걸었다. 우리만 심심한 게 아니었구나. 이윽고 손전등 불빛을 따라 친구들이 우리 숙소로 넘어왔고 우리는 베란다의 희미한 불빛에 의지해 주섬주섬 판을 벌였다. 맥주 캔을 따고 냉장고에서 간식도 꺼냈다. 어둠 속에서 눈을 빛내가며 카드놀이도 했다. 늦은 밤의 여흥을 처음 겪어보는 청소년들처럼 상기된 얼굴들이 어른거리는 불빛 아래 반짝였다.

    카드놀이가 지겨워지자 오솔길을 걸어 바닷가로 나갔다. 주쿵에 걸터앉거나 모래 위에 사롱을 깔고 앉았다. 더러 눕기도 했다. 쏟아지는 별빛 아래 소곤소곤 이야기가 끊이지 않았다. 한적한 시골 마을 아메드에서 만났던, 셀 수도 없이 쏟아지는 별을 언제 또 볼 수 있을까? 친구들의 목소리를 배경으로 나는 이미 과거가 된 별빛에 빠져들었다. 우리가 지금 보고 있는 별은 이미 몇 광년 전에 사라진 별이라지 않은가? 이곳 아메드도, 고향 같은 우붓도 곧 나의 과거가 될 것이다. 나의 찬란한 과거도 아메드에서 만난 밤하늘의 별처럼 내 삶이라는 하늘에서 초롱초롱 빛나길 바라며, 목이 아프도록 보석 같은 별들을 두 눈에 담았다.

안녕, 쁘랑이 스쿨

쁘랑이 스쿨의 등교 시간은 오전 8시 30분. 그런데 1년에 두 번, 일주일 동안 7시 30분까지 등교하는 시기가 있었다. 바로 시험 기간이다! 그렇다. 쁘랑이 스쿨에도 시험이 있다. 인도네시아 교육부의 지침에 따라 공립학교들이 일제히 시험 보는 시간에 맞춰 한 시간 일찍 쁘랑이 스쿨만의 시험을 본다. 이 날은 늦으면 안 되므로 아이보다 엄마가 더 긴장해야 한다.

쁘랑이 스쿨에서의 마지막 시험 기간. 평소보다 한 시간이나 일찍 일어나 채비를 하고 학교에 도착한 아이에게 인사를 건넸다. "시험 잘 봐!"가 아니라 "재밌게 놀아!"라고. 아이는 내 말을 듣는 둥 마는 둥 하며 오토바이에서 내리더니 4년이나 다닌 쁘랑이 스쿨이 아직도 궁금해 죽겠다는 호기심 넘치는 표정으로 오토바이가 늘어선 등굣길을 바라보았다. 그 순간 늘 보던 아이의 얼굴이 유난히 빛나 보였다. 아이는 깊이를 헤아리기 힘든 자기만의 힘을 내뿜고 있었다. 멋진 녀석, 누가 낳고 키웠나.

처음 한 달간의 적응 기간을 제외하고 지난 4년간 아

이는 학교 가기 싫다, 공부하기 싫다, 시험 보기 싫다는 말을 단 한 번도 하지 않았다. 아이에게 학교는 놀러 가는 곳이었고, 공부는 놀면서 하는 일이었다. 시험 보는 날은 한 시간 일찍 등교하니 친구들과 한 시간 더 놀 수 있다고 좋아했다.

간섭하거나 잔소리하지 않고 가만히 내버려두었더니 아이의 진짜 모습이 보였다. 좋아하는 과목과 싫어하는 과목은 무엇인지, 엄마를 더 닮았는지 아빠를 더 닮았는지, 무엇이 넘치고 무엇이 부족한지 자연스럽게 드러났다. 넘치는 것은 덜어내려 하지 않았고, 부족한 것도 채워주려 하지 않았다. 좋아하는 건 좋아하는 대로, 싫어하는 건 싫어하는 대로 내버려두었다. 그저 지켜보기만 했다.

아이를 타고난 그대로 가만히 두는 것이 최고의 육아라고 생각했다. 유년 시절은 삶의 배터리를 충전하는 시절이자 에너지를 채우는 시간이므로. 앞으로 에너지를 충전하고 또 소모하기를 반복하며 오래 인생길을 걸어야 할 텐데, 그러자면 우선 배터리의 수명이 길어야 한다고 생각했다. 나는 아이의 유년 시절에 수명이 긴 배터리를 만들어주는 것이 부모가 할 일이라고 여겼다. 아무것도 미리 가르치지 않고 아무것도 억지로 시키지 않으니 아이는 늘 하고 싶은 것이 넘쳤다. 흡수도 빨랐다. 늘 100퍼센트 충전 상태였다.

내가 우붓에 와서야 제대로 배운 나답게 사는 법을 아이는 어려서부터 몸에 익히길 바랐다. 나는 맏이나 딸에게 거는 어른들의 기대, 사회의 요구와 제도의 강요 등으로 말랑한 찰흙처럼 뭉개지고 다듬어지기를 반복했다. 그래서 힘들었지만, 그렇다고 큰 성공을 이룬 것도 아니었다. 나는 컨베이어 벨트의 불량품이었다. 기껏 만들어놓았더니 벌레가 먹어버린 계란과자였거나, 실수로 크림도 없이 포장되어버린 롯데샌드, 아니면 작은 충격에도 봉지 안에서 전부 바스러져버린 에이스 크래커였는지도 몰랐다.

유년은 유년답게, 사춘기는 또 사춘기답게 아무런 외부의 방해 없이 자신을 탐색하고 궁리하는 것. 내가 지금 하고 있는 고민을 아이는 나처럼 미루지 않고 제때 하길 원했다. 이제 아이는 한국어보다 영어를 더 편하게 사용할 수 있으니 세계 어느 나라에서든 살 수 있을 것이다. 돈을 많이 버는 것이 성공이라고 생각하지 않으면 좋겠고, 그것이 성공이라고 생각하는 친구들 옆에서도 나는 괜찮다며 아이가 제 모습 그대로 행복했으면 좋겠다. 돈이 최고가 아닌 곳, 직업의 귀천이 없는 곳, 애써 올라가야 할 사다리가 없는 곳에서 아이가 살면 좋겠다. 24색 색연필이 아름다움의 우열 없이 전부 그저 다른 색이듯, 아이가 자신만의 아름다운 색을 발현하며 살면 좋겠다. 사람

들을 좋아하는 만큼 사람들 곁에서 많이 웃으며 살면 좋겠다.

내가 할 일은 그저 아이가 어디에서든 잘 살 것이라는 믿음으로 아이를 바라보는 것뿐이겠지. 어느새 부쩍 자라 자기만의 힘으로 세상을 바라보고 즐기고 만들어나가는 당당한 아가씨를 가만히 훔쳐보는 것뿐일 테지.

그즈음 아이와 우붓에서의 삶이 어땠는지, 새로운 곳에서의 삶은 또 어떨지에 대해 종종 이야기를 나누었다. 아이는 문득 생각난다는 듯 기억나는 에피소드를 들려주곤 했다.

"처음에 학교 다녔을 때 일인데, 교실에 들어가면 사물함이 있잖아. 거기에 내 가방이랑 물건들이 들어 있었는데, 내가 그 앞에 서서 선생님한테 이렇게 말했어. "My mom, here"(우리 엄마, 여기 있어)라고. 그러고 짐을 다 챙겨서 바로 뛰어나왔지."

"하하하, 그랬어? 엄마가 온 걸 보고 선생님한테 그렇게 말했어?"

"응."

"그런 말은 어떻게 배웠어?"

아이는 격하게 고개를 흔들며 이렇게 외쳤다.

"아, 몰라."

그래, 너도 처음은 쉽지 않았구나. 그래도 잘 자라줘

서 고맙다. 처음 들어선 낯선 교실에서는 부리나케 달려 나왔지만, 이제는 네 삶 속으로 힘껏 달려 들어가렴. 넌 어디에서든 멋진 인생을 살 것이다. 네가 여기에서 보낸 찬란했던 시간만으로도 우붓에 오길 잘했다.

"엄마, 또 있어. 갑자기 비가 오고 천둥이 쳤어. 교실은 어둡고 무섭고 친구도 별로 없었는데, 마르티노가 "It's OK"(괜찮아)라고 말하면서 내 등을 토닥토닥 해줬어."

"어머, 마르티노가 그랬어? 그 녀석 멋졌네!"

아이가 전해준 친구의 따뜻한 마음이 나에게도 고스란히 전해졌다. 아이만 자신이 언제 그랬냐는 듯 무심한 표정이었다. 엄마가 없는 순간에 그렇게 너를 토닥여줄 친구들이 조만간 네 인생의 전부가 될지도 모르겠다. 그래도 괜찮다. 지금도 괜찮고 앞으로도 괜찮을 것이다. 새로운 곳에서도 다시 너는, 그리고 나는 잘 적응할 것이다. 나는 마르티노의 그 다정한 말을 주워 마음에 담았다. 어쩌면 아이보다 내게 더 필요한 말 같아서. 만날 때도 헤어질 때도 쓸 수 있는 '안녕'이라는 말은 참 예쁘다. 안녕, 쁠랑이 스쿨. 그동안 고마웠다.

꿈으로 기억할 순간

조호바루로의 이사를 앞두고 나니, 우붓의 모든 장면은 애틋한 이별의 장면이 되었다. 나는 부지런히 나에게 다가오는 모든 순간을 마음에 담았다. 신나는 라이브 음악과 툭하면 쏟아붓는 장대비 소리, 함께 춤을 추던 친구들의 화려한 몸짓과 호탕한 웃음, 둥실 뜬 보름달과 땀을 식혀주는 바람, 차가운 빈땅 맥주병과 후덥지근한 열대의 공기… 꿈처럼 그 순간들을 기억하리라. 눈만 감으면 언제든 떠올릴 수 있도록.

우붓에서의 삶은 한바탕 꿈이었을까? 이만큼의 행복은 여기에만 있는 것일까? 아픈 이별이 뚜벅뚜벅 다가왔다.

매일 달리던 하노만 로드의 치렁치렁한 나뭇가지,
항상 길이 막히던 주유소 삼거리,
뻘랑이 스쿨을 오가며 밟던 울퉁불퉁 자갈길,
다리 아래로 아찔하게 펼쳐진 계곡과 그곳의 물소리,
나무 사이로 언뜻 보이던 정글 속 호텔 수영장,
해질녘 집으로 가던 길에 만났던 우붓의 붉은 노을,

늦은 밤 친구와 손잡고 달렸던
몽키 포레스트 로드의 드넓은 운동장.

타코 카사 Taco Casa의 두툼한 부리토,
무슈 스푼의 바삭한 크루아상,
춤추며 마시던 코코넛 주스,
손으로 뜯어먹고 손가락 쪽쪽 빨던 새빨간 생선구이,
아주머니가 까만 손으로 무심히 담아주던 나시 참푸르.

아이가 겁도 없이 올라가 앉아 있던 옆집 담벼락,
바람만 불면 닭똥 냄새가 진동하던 동네 뒷길,
시커먼 발로 골목을 질주하던 동네 아이들의 달뜬 표정.

흥정하다 안 사고 돌아서면 무섭도록 눈을 흘기던
우붓 시장의 빼빼 마른 아줌마,
늘 아니라고 해도 늘 회원이냐고 물어보던
델타 슈퍼마켓 계산대의 직원들,
손님보다 더 시끄럽게 떠들던 카페의 웨이트리스들,
길가에 앉아 "마사지" 혹은 "택시"를 외치던
순박하고 웃음 가득했던 얼굴들,

오토바이에 슬쩍 자동차 주차 요금표를 내밀던
몽키 포레스트 로드의 주차요원 아저씨,
낫 하나 들고 몸을 접은 채 느릿느릿 걷던
동네 할아버지의 뒷모습…

1,500여 일의 시간 동안 나에게 다가왔던 수많은 장면과 사람들을 나는 앞으로 시도 때도 없이 그리워할 것이다. 그 모든 것을 뒤로하고 2017년 여름, 나는 우붓을 떠났다. 4년에 걸친, 내 생애에서 가장 길었던 휴가였다.

다시, 2018년 가을

집으로 가는 길

어김없이 날은 밝았고, 마침내 결혼한 여자 홀로 떠난 여행의 마지막 날이 내 앞에 놓였다. 나는 시간이 아주 많은 사람처럼 일부러 느긋하게 아침을 먹고 짐을 쌌다. 슬리퍼를 끌고 느린 걸음으로 마지막 산책에 나섰다. 친구들과는 어젯밤에 이미 시끌벅적하게 이별을 했다. 마지막 날에는 오롯이 우붓과 나, 둘만의 시간을 보내고 싶었다. 발길이 닿는 대로 거리 구석구석을 걷다가 길가에 앉은 택시 기사 아저씨와 눈이 마주쳤다. 깊고 진한 그의 두 눈은 이렇게 말하고 있었다.

'너도 우붓을 사랑하게 되었구나. 내 그 맘 알지. 그래서, 택시는 안 필요하고?'

나는 고개를 저으며 말없이 씩 웃었다. 내 미소는 이런 뜻이었다.

'그래요. 나는 우붓을 사랑해요. 우붓은 나를 따뜻하게 품어주었어요. 생각지 못했던 삶도 건네주었지요. 덕분에 난 더 멋진 사람이 되었답니다. 아, 택시는 필요 없어요. 지금은 좀 걷고 싶으니까요.'

내 미소를 찰떡같이 알아들은 그는 손에 들고 있던, 영어로 '택시'라고 적힌 팻말을 내리며 인자한 부처처럼 웃었다. 그렇게 말없이 서로 이해하고 이해받았다.

　　산책을 마친 뒤, 마지막 일정으로 발 마사지를 받으러 갔다. 걷느라 피로해진 다리를 고운 아가씨의 손에 맡기고 푹신한 의자에 몸을 묻었다. 그녀의 손길에 종아리가 노곤하게 풀리며 일주일 동안 쌓였던 여독이 스르르 빠져나갔다. 말랑해진 종아리에 끈적하게 달라붙은 프랑지파니 오일 향이 코끝에 대롱대롱 매달렸다. 그 향을 집까지 가져가고 싶어 괜히 더 크게 숨을 늘이마셨다.

　　오래전, 여행은 삶이 되었고 그 삶은 지금 다시 여행이 되었다. 그리웠던 삶을 여행하며, 나는 다시 조금 더 나다운 내가 되었다. 그렇게 혼자만의 짧은 여행을 살다 돌아간다.

　　안녕, 우붓.
　　언젠가 또 만날 수 있기를.

에필로그

'결혼한 여자가 그래도 되는 거야?'라는
오래된 관습으로부터의 떠남

　결혼과 휴가. 언뜻 보면 서로 어울리지 않는 단어들이다. 그 둘을 용감하게도 한데 붙여보는 모험을 시도했다. 성숙한 결혼생활을 지속하는 힘은 두 사람이 얼마나 뜨겁게 사랑하느냐에 달려 있지 않다. 그보다는 두 사람 각각이 독립된 개인으로서 얼마나 단단히 중심을 잡고 서 있는지가 중요하다. 한쪽이 다른 한쪽을 위해 자기다움을 잃으면서까지 희생하는 관계가 되면, 그 결혼생활은 제대로 유지되기 어렵다.
　그리고 (조금씩 나은 방향으로 바뀌어간다고는 하지만) 여전히 우리 사회는 남자보다 여자에게 더 많은 책임과 희생을 요구한다. 엄마와 아내라는 역할을 수행하는 데 시간과 에너지를 쏟느라 온전히 자기 자신으로 존재하기 어려운 여자들에게 혼자만의 시간은 너무나 절실하다. 결혼에도 휴가가 필요한 이유다.

안식휴가는 결혼에 자유를 부여하는 한 방법이다. 그것은 결혼의 틀을 좀더 유연하게 만들어 더 넓은 공간을 부여하고 결혼이 안으로부터 변화하도록 만든다.
_《결혼한 여자 혼자 떠나는 여행, 결혼안식년》 중

결혼생활도, 그 안에서의 관계도 살아서 꿈틀거리며 긍정적인 역동을 가질 수 있기를 바랐다. 동사무소 구석에 처박힌 서류 한 장이 결혼생활의 족쇄가 될 필요는 없다. 결혼 휴가는 나의 에너지를 당분간 오직 나만을 위해 쓰겠다는 적극적인 움직임이다. 잘 쉬고 돌아오면 방전된 에너지가 충전되어 더 열심히 일상을 살아갈 힘이 생긴다. 더 성숙한 배우자, 더 나은 부모가 되기 위해 우리는 나를 먼저 살피는 시간을 가져야 한다. 나의 경우, 나 자신을 위해 감행했던 결혼 휴가가 새로운 곳에서 살아보는 가족 전체의 모험으로 진화했다.

2016년 여름, 우붓을 떠난 그는 말레이시아 조호바루에 자리를 잡았다. 아이와 내가 우붓에서의 삶을 조금씩 정리하는 동안 그도 조호바루에서 부지런히 자기만의 시간을 보냈다. 그는 자신을 위해, 그리고 가족을 위해 더 큰 판을 만들었다. 교육업과 관련된 회사를 설립하고(발리에서는 불가능했다), 더 많은 사람들과 어울리며 그 어느 때보다 신나게 일하기 시작했다. 마치 내가 우붓으로 건너간 이후 한국에서와는 달리 팔딱이는 삶을 살았던 것처럼, 새로운 장소에서 그는 모든 일에 의욕을 보였고 생기가 돌았다. 그런 그가 보기 좋아 나도 번역을 하는 틈틈이 기꺼운 마음으로 그의 일을 거들었다. 갑자기 달라져버린 생활에 우리는 갓 결혼한 신혼부부처럼 다시 또 다투고 화해하는 일을 거듭했지만, 그럼에도 불구하고 분명 그와 나의 관계는 이전과 달리 나선을 타고 조금씩 상승하고 있었다.

    아이는 그 틈에서 언제나 그래왔듯 별 탈 없이 잘 적응해나갔다. 아이는 종종 우리에게 이런 이야기를 한다. "엄마, 내가 중학생일 때 여기 오길 잘한 거 같아. 어려서는 우붓에서 실컷 놀고, 지금은 여기에서 열심히 공부하고. 잘된 일인 것 같아." 우붓에서 5학년까지 마치고 조호바루로 건너온 아이는 말레이시아와 인도네시아의 학제 차이 때문에 반년 만에 7학년, 그러니까 우리로 치면 중학교 과정을 시작하게 되었는데 늘어난 공부 양에도 아랑곳하지 않고 이곳 생활이 마음에 들었던 모양이다.

8학년이 된 아이의 진로를 두고 언젠가 세 가족이 모여 이야기를 나눈 적이 있다. 무슨 공부를 하고 싶은지, 무엇이 되고 싶은지, 어디에서 살고 싶은지, 원하는 공부를 하려면 어디가 가장 좋을지, 만일 사는 곳을 옮겨야 한다면 가족 모두가 이사를 가는 게 좋을지, 아이 혼자 가는 게 좋을지 등 꼬리에 꼬리를 무는 질문들에 세 사람은 두서없이 자기 생각을 늘어놓았다. 그러던 중 아이가 물었다.

"근데 우리 이제 다 같이 갈 수는 있어?"

그러자 그가 곧장 대답했다.

"그럼! 이제 아빠는 어디서든 돈 벌 수 있어!"

그의 대답이 놀라웠다. 이제 우리 가족은 (특히 남편은) 어디에서도 어떻게든 뿌리를 내리고 살아갈 수 있다는 자기 신뢰를 갖게 되었구나 싶어서 나는 크게 전율했다. 처음부터 지금의 상황을 계획하고 움직였던 것은 아니었다. 하지만 우리의 삶은 내가 언젠가 희미하게 꿈꿨던 방향대로 흘러가고 있었다. 나는 나대로, 그는 그대로, 아이는 아이대로 자신의 꿈을 좇으며 스스로를 돌보며 사는 그런 삶 말이다.

물론 처음부터 새로운 보금자리에서의 일상에 안착했

던 것은 아니다. 한국을 떠날 때는 둥실 떠올라 가볍게 날아온 것 같았다면, 우붓을 떠날 때는 뿌리가 뽑힌 채 이동하는 느낌이었다. 그의 넓은 등에 기대고도 싶었지만, 그와 따뜻한 품을 나누는 것도 좋았지만, 그래도 우붓에서 더 살고 싶은 마음은 쉽사리 없어지지 않았다. 하지만 이내 우붓에서의 삶이 내게 일러준 바들을 떠올렸다.

순간을 살아라.
현재에 충실해라.
가끔은 삶에 바짝 엎드려 항복해라.

그의 선택을 믿고 존중하기로 한 내 결정에 후회를 하는 대신, 나는 이곳에서의 삶을 있는 힘껏 끌어안기로 했다. 새벽길을 달리거나, 역기를 들거나, 부지런히 요가 매트를 폈다. 때때로 친구들과 추던 살사와 키좀바의 추억이 그리워질 때면, 원 투 쓰리 스텝을 밟는 대신 내 마음과 손을 맞잡고 삶이라는 춤을 혼자서 가만가만 추었다. 몸과 마음을 단련하고 다독였다. 그렇게 한껏 움직이고 나면 저 깊숙한 곳에서부터 '용기 내어 먼저 떠나보길 잘했다' 하는 소리가 들려왔다. 나 자신을 위해 떠났던 결혼 휴가를 계기로 가족 구성원 모두의 가능성이 확장되었다는 자부심에 어깨가 활짝 펴졌다.

⁓

　　반드시 어디론가 멀리 떠나야만 결혼 휴가라고 이름 붙일 수 있는 것은 아니다. 거창하게 생각하지 않아도 좋다. 나에게 어울리는 시간과 공간을 찾는 것이 곧 결혼 휴가의 시작이다. 누군가에게는 진하고 맛있는 커피 한 잔과 책 한 권이, 또 다른 누군가에게는 동네 뒷산에 오를 때 신을 멋진 운동화 한 켤레가 결혼 휴가의 첫걸음일 수 있다. 아무에게도 방해받지 않을 나만의 시간, 나만의 공간을 마련했다는 사실만으로도 우리는 조금 더 자유로워진다.
　　떠났다가 돌아오는 인간은 늘 성장한다. 변화와 발전을 가져오는 이들은 언제나 모두가 당연하다고 여긴 것에 의문을 품고 새로운 길을 모색했던 사람들이다. 그렇다면 물리적인 이동이 어려워진 지금, 새로운 세계에 발을 내딛어 또 다른 나를 만나고 발견할 수 있는 가능성은 영원히 사라져버렸을까? 아니, 전혀 그렇지 않다. '엄마가 어떻게 그래?' '결혼한 여자가 그래도 되는 거야?'라는 구시대적인 발상에서, 가부장적인 시선에서, 부당한 모성신화에서 심리적으로 멀리 떠나는 것. 그리하여 그 누구보다 나를 돌보기를 주저하지 않는 것. 그것이야말로 지금 우리가 할 수 있는 가장 멋지고 통쾌한 떠남이자 모험이 아닐까? 그 모험을 감행하는 사람들이 많아질수록 결혼한 여자들의 모험을 주저하게 만드는 사회의 편견도 점점 옅어지리라고 나는 믿는다.

아리 (임현경)

대한민국이라는 거대한 공장의 표준화된 컨베이어 벨트를 크게 이탈하지 않는 삶을 살았다. 아니, 오히려 잘 따르는 축에 속했다. 대학을 졸업하고, 남들이 결혼 적령기라고 하는 나이에 사랑하는 사람과 결혼하여 아이를 낳고 키우는 평범한 일상이었다. 그러나 마음 한구석엔 언제나 '나답게 살아간다'는 감각이 없었다. '여자라서' '엄마라서' '아내라서'라는 말들의 무게에 짓눌려 사는 일상이기도 했다.

아이가 일곱 살 되던 해, 우연히 인도네시아 발리의 우붓으로 짧은 가족 여행을 가게 되었다. 그곳의 한 허름한 도서관을 거닐다가 문득 '여기에서 살아보고 싶다'는 생각에 사로잡혔다. 한국에 남아야 할 이유보다 떠나고 싶은 간절함이 더 컸지만, 현실은 호락호락하지 않았다. 얼마간의 준비 끝에 아이의 초등학교 입학을 앞두고 우붓으로 삶의 터전을 성큼 옮겼다. 남편은 한국에 둔 채로. 아이와 단둘이서. 함께 떠날 수 없다면 떠날 수 있는 사람부터라도 먼저 나서는 것이 낫겠다고 생각했다. 스스로에게 긴 휴가를 선물하고 싶기도 했다.

그 후 약 4년간 우붓이라는 자유로운 공간에서 자신 안에 숨겨진 수많은 가능성들을 열어젖히며 '진짜 나'를 만나는 경험을 했다. '하고 싶은' 소망의 리스트만 있었던 삶이 '해내고 마는' 성취의 삶으로 충만해져갔다. 요가와 명상, 살사와 키좀바, 오토바이 라이딩을 좋아한다.

지금은 인도네시아 우붓을 떠나 말레이시아 조호바루에서 번역을 하며 디지털 노마드로서의 삶을 이어나가는 중이다. 옮긴 책으로는 《타인에 대한 연민》《NO BAGGAGE, 여행 가방은 필요 없어》《속도에서 깊이로》《제3의 식탁》《잃어버린 잠을 찾아서》 등이 있다.

• 인스타그램 @ari_blossom_   • 브런치 http://brunch.co.kr/@ariblossom

결혼에도 휴가가 필요해서
ⓒ아리(임현경), 2020

초판 1쇄 펴낸날 2020년 10월 5일

지은이 아리(임현경)
펴낸이 한아름
디자인 김리영

펴낸곳 북튼
출판등록 2020년 1월 21일 제352-2020-000001호
주소 인천광역시 연수구 송도국제대로 261, 212-3203
전화 032-212-6849 | 팩스 0303-3441-6849
전자우편 edit@booktn.co.kr | 홈페이지 www.booktn.co.kr
인스타그램 @booktn_books

ISBN 979-11-970500-0-8 (03810)

*KOMCA 승인필

- 이 책은 저작권법에 의해 한국 내에서 보호를 받는 저작물이므로 무단전재와 복제를 금합니다. 이 책 내용의 전부 또는 일부를 이용하려면 반드시 저작권자와 북튼의 서면 동의를 받아야 합니다.
- 잘못된 책은 구입하신 서점에서 교환해드립니다.
- 이 도서의 국립중앙도서관 출판예정도서목록(CIP)은 서지정보유통지원시스템 홈페이지(http://seoji.nl.go.kr)와 국가자료공동목록시스템(http://www.nl.go.kr/kolisnet)에서 이용하실 수 있습니다. (CIP제어번호:CIP2020035454)